Ⓢ新潮新書

久保田進彦
KUBOTA Yukihiko

リキッド消費とは何か

1076

新潮社

リキッド消費とは何か◆目次

はじめに

「いま」はどんな時代でしょう。いまを生きる私たちは、他のどの時代よりも「いま」をよく知っているはずです。しかし、いまを説明するのは簡単ではありません。あまりに多くの答えが頭に浮かんできて、とりとめがなくなってしまいます。

「いま」を説明するのが難しい理由はたくさんありますが、1つは小さなことにとらわれすぎてしまうためです。今日起きたこと、今月起きたこと、そして今年起きたことを振り返ってみると、実にたくさんの事件が思い浮かびます。しかし「時代」という大きな観点からみると、どれも小さな出来事だったりします。

時代の特徴は「時間を大きく束ねる」ことで見えてきます。束ねる時間は、10年、あるいは20年、もっと長くても構いません。たとえば20世紀以降の産業について、時間を束ねて考えてみましょう。

大まかにいえば、1900年代から1950年代は大量生産や効率化の時代でした。アメリカの自動車会社フォードが、きわめて限られた種類の製品を大量かつ効率的に生産する「フォード生産方式」を導入し、車の価格を大きく下げたのは有名な話です。創業者ヘンリー・フォード自身も、「それが黒である限り、顧客はどんな色のT型フォードも選ぶことができる」とジョークを言ったそうです。

自動車の普及によって石油の需要が高まり、化学産業も発達しました。プラスチックや合成繊維の研究が進み、さまざまなものに利用されるようになりました。いまでもよく見かけるナイロンは1935年に、テフロンは1938年に、いずれもアメリカの化学会社デュポンで発明されました。

自動車産業や化学産業だけでなく、電気産業も大きく発展しました。動力革命と呼ばれる、蒸気機関から電動機への転換が起きました。扇風機、アイロン、ラジオが普及したのもこのころです。日本では1910年に日立製作所、1918年に松下電気器具製作所（現・パナソニック）、1939年には東京電気と芝浦製作所が合併して東京芝浦電気（現・東芝）が誕生しました。

1950年代以降も工業化は続きますが、少し方向が変わってきます。それまでの大量生産から、差別化の時代へと移りました。差別化とは同じ製品カテゴリーのなかで、他の企業とは違う製品を提供することです。

　複数の企業から同じような製品が提供されていれば、消費者は一番安いものを買います。当然、企業の利益は少なくなります。しかし他の企業にはみられない、独自性の高い製品であれば、少し高くても買ってくれる可能性が高まります。そこでカラーバリエーションを提供したり、細部のデザインを変えて新製品にしたり、ちょっとした付加機能をつけて他社との違いを訴えたりすることが盛んになりました。

　こうして世の中では多様な種類の製品が発売され、「安くて良い」だけでなく「他と違う」ことが魅力として訴えられるようになりました。同時に、計画的陳腐化（デザインや機能が少しだけ違う新製品を次々と導入し、まだ使える製品の買い替えを促すこと）という非倫理的な行動も目立つようになりました。

　1980年代から1990年代は、サービス化と情報化の時代です。このころからものではなくサービスにお金を払うことが一般化し、情報を駆使したビジネスが台頭しました。

　たとえばコンビニエンス・ストアは、1980年代頃から広まった業態の1つです。

コンビニエンス・ストアが登場する前は、日用品の購入に旧来の小売店（多くは個人商店）かスーパーマーケットを利用するのが普通でした。日本でスーパーマーケットが普及したのは1950年代から1970年代で、旧来の小売店よりも安く、品揃えがよいことを武器に広まっていきました。

ところがコンビニエンス・ストアはこれと正反対でした。現在と異なり、当時はメーカー希望小売価格に近い値段で販売されていたのです。スーパーマーケットと比べて値段が高く、しかも品数も少ないコンビニエンス・ストアが人々に支持されたのは、時代の変化といえるでしょう。コンビニエンス（便利さ）にお金を払う時代が、到来したわけです。

1983年にオープンした「東京ディズニーランド」も、サービスの時代を象徴する存在です。アトラクション、パレード、キャラクターとの触れ合い、レストランでの食事、といった「形のないもの」に対して、消費者は喜んでお金を払うようになりました。

1980年代から1990年代を振り返るとき、忘れてはならないのが情報化です。コンピューターと情報ネットワークが社会に普及し始めるとともに、これらを活用した産業が目立つようになりました。宅配便はその1つです。かつて個人が手軽に荷物を送るには、郵便局で「小包」を利用するのが普通でした。しかし、1980年代頃から宅配便が広く普及しました。

宅配便の魅力は安く、手軽に荷物を送れることでした。また到着までの時間の短さや、正確さも魅力でした。これらを実現するには色々な工夫が必要でしたが、その基盤となったのが最新の情報システムでした。宅配便は、コンピューターを活用して膨大な荷物情報を瞬時に処理することで可能となりました。

2000年代以降は、デジタル化とネットワーク化の時代です。当初のキーワードは「パソコン」と「インターネット」でした。1970年代から1980年代に主流だったメインフレームといわれる大型コンピューターから、1990年代に入るとパーソナル・コンピューター（パソコン）といわれる個人用コンピューターが普及しました。そして2000年代になると、パソコンがオフィスから一般家庭へと広まりました。

1990年代の中頃から一部の人が使いはじめたインターネットは、ADSLという技術によって2000年頃から一般家庭へ浸透し始めました。携帯電話も1990年代の後半から広く普及し、2000年代に入ると90％以上の普及率となりました。

デジタル化とネットワーク化が進んだことで、世の中は大きく変わりました。私たちの身の回りではネット・ショッピングが浸透し始め、また広告も、テレビを代表とするマスメディアから、デジタル広告が主役となり始めました。

そして２０１０年代に入るとスマートフォンが一気に普及しました。パソコンとスマートフォンはいずれもデジタル・デバイスですが、ログイン（サインイン）の有無という点で、大きく異なります。通常、パソコンを使う時はＩＤやパスワードを入力してログインしますが、スマートフォンにはこの作業がありません。パソコンが複数の人で使えるように設計されているのに対して、スマートフォンは個人の持ち物として設計されているからでしょう。その意味でスマートフォンは完全にパーソナルなデバイスといえます。

スマートフォンは常に身につけている自分専用のデジタル・デバイスですので、電話やメールといった情報通信だけでなく、さまざまな用途に用いられるようになりました。いまではゲームや動画共有プラットフォームなど趣味や娯楽から、身分確認や決済にまで用いられています。スマートフォンの普及に伴い、ＧＡＦＡといわれる巨大ＩＴ企業が急速に台頭してきたのも２０００年以降の特徴です。彼らはデジタル技術とネットワークを駆使し、世界中で圧倒的な存在感を築きあげました。

20世紀以降の産業について簡単に振り返ってみました。素人の私が思いつくままに書いたことですから、ずいぶん荒っぽい内容だと思いますし、専門家の方がご覧になったら、おかしな部分も多々あるでしょう。しかし大切なのは、こうして時間を大きく束ねてみることで、時代の特徴がみえてくることです。

時間を束ねるという作業は、一定の期間をひとつのまとまりとして考えることです。したがってそれは、過去を「型にはめる」作業ともいえます。

型にはめるという言葉にはネガティブな意味があるように、時間を束ねるという作業には好ましくない面もあります。ある時間を決まりきった枠組に押し込めば、歪められたり、見落とされたりするものもでてきます。本来の豊かな姿は、きっと見えなくなるでしょう。

その一方で、時間を束ねることで「時代の特徴」が見えてくるのも事実です。限界点やリスクを意識していれば、時間を束ねることには十分なメリットがあります。

さて、冒頭の問いに戻りましょう。いま私たちの身のまわりでは、何が生じているでしょうか。ひとことで「身のまわり」といっても色々なことが含まれますので、ここでは私たちの「消費生活」に焦点を絞りたいと思います。

読者の皆さんも、ご自身の「消費生活」について考えてみてください。2000年以降でも、2010年以降でもいいので、ある程度長い期間をひとつのまとまりとして考えるのがポイントです。毎日の生活を細かく観察するのでなく、視野を少し広げて見渡すことで、現代の消費生活の特徴がいろいろと思い浮かんでくるはずです。

たとえば、Amazon のようなネット・ショッピングが普及したこと、メルカリやYahoo!オークションといったリユース・マーケットが一般化したこと、新製品をテレビ広告ではなくSNSで知るようになったこと、コンビニエンス・ストアの店頭で「期間限定」や「コラボ製品」をよく目にするようになったこと、スターバックスのようなカフェが街中にできて、コーヒーやカフェラテをペーパー・カップで飲むのが普通になったこと――日ごろ何とも思わない私たちの消費生活も、時間を束ねて振り返ると、意外と変化していることに気づきます。

こうした消費生活の大きな変化を捉えたのが、本書のテーマである「リキッド消費」というコンセプトです。リキッドは「液体」という意味ですから、リキッド消費は「液状化した消費」という意味です。それは「消費の流動化」であり、「気まぐれな消費」

といっても良いでしょう。

リキッド消費の例をいくつかあげてみます。たとえばファスト・ファッションが浸透することで、私たちは洋服を気軽に選べるようになりました。しかしその結果、洋服に対して以前よりも気まぐれになった気がします。ＳＮＳなどの影響で突如注目を浴び、「にわかファン」が一気に増える現象も珍しくなくなりました。流行や興味関心についても、いっそう気まぐれになったようです。

自動車を保有せずに、カーシェアリングを利用する人も増えました。また自転車のレンタル（シェアサイクル）も、街でよく見かけるようになりました。旅行に行くときにスーツケースをレンタルする人も増えたようです。世の中全体を見渡すと、サブスクリプションが普及し、「所有しないで消費する」ことも浸透しつつあります。

さらに、何かを消費するときに、物に頼らなくなったことも忘れてはなりません。ストリーミング・サービスが普及し、ＣＤを目にすることも少なくなりました。以前はポイントを貯めるときにレジでカードを提示していましたが、いまではスマートフォンのアプリです。

こうした消費生活の大きな変化を捉えたのが、「リキッド消費」というコンセプトです。

第2章で詳しく説明しますが「リキッド消費」とは、

①その時々で欲しいものが変わる（短命性）

②わざわざ買わなくても、レンタルやシェアリングでよい（アクセス・ベース）

③物にこだわらず、むしろ経験を大切に思う（脱物質）

という3つの要素によって特徴づけられる消費のことです。

リキッド消費というコンセプトは、バーディーとエカートというイギリスの研究者によって2017年に提唱されました。アカデミックな領域では比較的新しい考え方ですが、すでに今日のマーケティング研究や消費者行動研究の基盤となりつつあります。

リキッド消費というコンセプトはとても示唆深く、面白いものです。それは現代の消費生活を理解するカギとなりますし、消費をめぐるさまざまな「なぜ」を理解する手がかりにもなります。研究者だけにとどめておくのは、もったいないコンセプトです。

リキッド消費に関する一般書はこれまでほぼ見あたらず、本書は日本で初めて（おそらく世界でも初めて）リキッド消費について解説した本ということになります。またコンセプトの解説だけでなく、日本国内での分析結果もたくさん紹介しています。

本書を読むために特別な知識は必要ありません。ゆっくり読み進んでいただければ、リキッド消費についての理解がきっと深まるはずです。

第1章　堅固なものの溶解――リキッド・モダニティとは何か

リキッド消費という概念は、社会学者のバウマンが提示した**「リキッド・モダニティ」**という考え方に依拠しています。加えてドイツの社会学者ローザによる**「加速する社会」**という考え方にも影響を受けています（1）。これらはリキッド消費そのものではありませんが、リキッド消費を理解するには大切な概念です。本章では、いくつかの文献や社会学者の主張を参照しながら、できるだけ分かりやすく整理します。

近代化がもたらす堅固なものの溶解

まずリキッド・モダニティについてです。中学や高校の授業で「近代」という言葉を習いました。近代とは封建主義が終焉を迎え、資本主義社会が到来してからの時代を指すのが一般的です。

社会学では、近代をさらに「前期近代」と「後期近代」に分けることがあります。前期近代とは「かつての近代」のことであり、後期近代とは「新しい近代」あるいは「現代」のことです。両者の区分については諸説あるようですが、前期近代は1960年代頃まで、すなわち工業（あるいは第2次産業）によって社会が牽引された時代までを指し、後期近代は1970年代以降、つまりサービス（あるいは第3次産業）が社会で重要な位置を占めるようになった時代を指すようです。

バウマンは後期近代の特徴として、変化と不安定性が強調され、社会全体が流体的なものとなりつつあることを指摘しました。世の中が、安定的で固定的なものから、不安定で変化を伴うものに変わったというわけです。バウマンの指摘を、もう少し紐解いてみましょう。

近代化は社会にさまざまな変化をもたらしました。封建主義の時代と現在とを比べると、社会の制度が変わり、人々の生活も変わりました。こうした近代化による変化は、封建主義が終わり資本主義社会が始まってから、現在に至るまで続いています。

バウマンは近代化の特徴は**「堅固なものの溶解」**（melting of solid）だと主張します。しかし同時に、その内容は、かつての近代（前期近代）と新しい近代（後期近代）で異なるとも指摘します。いったい、どのように異なるのでしょう。

かつての近代化は、それまで存在した堅固なものを、新たに、より堅固なものに「作り変える」プロセスでした。つまり伝統的な秩序を崩し、新しい秩序を建設したのが近代化でした。もう少し具体的にいうと、近代化は、合理性を邪魔するもの（伝統的な忠誠心、慣習的な権利、家事や家族に対する倫理的な義務など）を破壊し、経済中心の行動規範や合理性に基づく判断基準を新たにつくりあげました。それは、人間の相互依存、相互責任を支える絆として「金銭的つながり」だけを残すことでもありました（２）。

これに対して近代化の新しい段階では、新たな秩序を構築するのでなく、秩序や体制そのものを「溶解する」傾向が見られるようになります。家族、階級、近隣、共同体といった制度が崩壊するとともに、金融、土地、労働市場が解放され、「個人の選択の自由、行動の自由を制限すると疑われる手枷、足枷がことごとく溶かされ」ることになりました（３）。

その結果、社会を構成する要素がバラバラとなり、異なる考えや方向性を持つことになりました。「たいへんな数の範型や形式が衝突しあい、それらの発する命令はたがいに矛盾し、個々の範型、形式には絶対的拘束力と強制力がない」社会が訪れたのです

(4)。こうした社会の変化を、バウマンは「革命家が突入し、占拠するような体制の象徴がなくなった」と巧みに表現しています(5)。

社会の中心は体制から個人へとシフトしました。すなわち、「われわれの生きる近代は、同じ近代でも個人、私《わたくし》中心の近代であり、範型と形式をつくる重い任務は個人の双肩にかかり、つくるのに失敗した場合も、責任は個人だけに帰せられる」ことになったのです(6)。バウマンは、こうした近代の新しい段階に**「流動的な近代」**(fluid modernity)という言葉をあてました。

伝統的制度からの解放

『リキッド・モダニティ』の訳者で早稲田大学国際学術院教授の森田典正は、前期近代を振り返り、利益追求を究極の目的とする近代資本主義が、民族国家体制や官僚制とともに、すさまじい発展を遂げたことを指摘しています(7)。

森田によれば、前期近代において、国家は国民を法と秩序に服従させ、有能な労働者を育成すべく国民に教育をほどこし、健康で優良な働き手を確保するために社会福祉を拡充させてきました。国民国家や民族国家という枠組みによって、安定して、秩序だった世界が実現したわけです。

ただし、そこでの人々の生活は「社会生活の細部にいたるまで規制、管理、保護」されたものでした（8）。「安定した秩序と明確な枠組みとは、裏返せば、個人的自由の否定と抑圧を意味した。莫大な利益をあげる資本と、それと相互依存関係にある国家は、労働者を徹底的に管理し、統制し、訓練し、搾取した」のです（9）。さらには「統一された安定と秩序はつねに全体主義的傾向」をはらみ、ファシズムやヒトラーやスターリンを生み出しました（10）。

他方、森田は後期近代について、選択の自由と可能性が拡大されたものの、不安定性が増大したと指摘します。まず、「個人が社会的制約と管理から解放されると、公的空間からは社会的責任をもった市民が消え、かわって、完全に個人化した消費者が登場する」ことになり、「自由、解放、選択肢の増大といった恩恵にたいし、不安、不確実性、危険といった多大な代償を支払わなければならない」ことになりました（11）。

またかつては、職人、農民、軍人など、どのような仕事をしているかが、その人のアイデンティティに強い影響を及ぼしていましたが、時代とともに、職業や職種によってアイデンティティが決定されなくなりました。その代わりに「個人のアイデンティティが、買ったもの、つまり、消費によって確保されるという特異な現象」が生じることになったのです(12)。

森田は前期近代と後期近代を比較して、こう述べています。かつて「労働者は移動の自由を奪われ、ルーチンにくみこまれ、搾取をうけていたかもしれないが、団結によって生活の向上と、安全と、安定を確保しうる見込みももっていた。一方、流体的近代では個人の不安、苦悩はすべて個人のレヴェルで解決されなければならない。雇用の不安、安全への不安、アイデンティティへの不安は、たとえば、消費による神経の一時的麻痺によって解消されるだけである」(13)。

バウマンや森田が指摘するように、前期近代から後期近代へと移るにつれて、人々はさまざまな伝統的制度から解放されてきました。なかでも、人々の生活を大きく変えたのが、伝統的なコミュニティからの解放です。

コミュニティというのは主に社会学で用いられる概念であり、共同体、共同社会、地域社会などと訳されます。この概念は多義的ですが、社会学者によると、一般に共同性、地域性、心理的結びつきの3点を併せ持った社会集団と考えられてきました(14)。あるコミュニティに属する人々は、同じ地域に住み、同じ規範にしたがい、同じ宗教を信仰し、お互いを知っていました。それは、相互に助けあうと同時に、相互に監視しあう社会であり、プライベートという概念も乏しかったようです。

しかしいまでは、私たちの生活は大きく変わりました。仕事や学校などの社会的生活と私生活が切り離され、友人関係も地域の枠にとらわれなくなりました。伝統的なコミュニティの影響を受けにくくなり、**「個人化」**が進みました。

リキッド・モダニティという概念の意味が、だいぶ明らかになりました。それは、もはや社会構造が安定的でなく、長期的でもない、流動的な世界を指しています。またそこでは、家族、地域社会、あるいは宗教など、かつて人々に安心をもたらしてきたものが弱まるとともに、結婚、国籍、社会階層、ジェンダーといった社会制度が急速に変化してきました(15)。

社会変化の加速

リキッド消費を理解するには、「加速」にも目を向ける必要があります。バウマン自身は必ずしもこの概念を強調しませんが、前出のバーディーとエカートは、**「社会変化の加速」**を現代社会の特徴の１つとしてあげています。

社会変化の加速とは、社会が速く変化するということではなく、社会が変化する速さが以前と比べて増していることです。本章の冒頭で紹介したローザは、これを技術的加速、社会変動の加速、生活テンポの加速の3つに分けて捉えています。以下ではローザの説明に基づいて、この概念を整理してみます(16)。

まず**「技術的加速」**(technological acceleration)を見てみましょう。これはテクノロジーによる加速のことで、ローザは典型例として輸送、コミュニケーション(情報伝達)、生産プロセスの加速をあげています。

「輸送の加速」は単位時間あたりに移動できる距離の加速です。1時間あたりに移動できる距離は、徒歩、馬、蒸気船、鉄道、自動車、飛行機と、どんどん長くなってきました。

しかし輸送の加速には、もう1つ重要な意味が含まれています。**「空間の収縮」**です。たとえば「東京から横浜まではどのくらいの距離がありますか?」という質問に対して、多くの人は「およそ30キロです」ではなく「電車で30分くらいです」と答えます。私たちは距離の感覚を移動時間で認識するわけです。移動速度が向上すると、同じ距離を移動するために必要な時間は少なくなりますから、距離の感覚も短くなります。このようにして、輸送速度の加速は私たちに「空間の収縮」という現象をもたらしました。「コミュニケーションの加速」とは、伝達される情報の速度や量の加速です。人が走って知らせを伝えていた時代から、馬を使った伝令、伝書鳩、電信、電話、インターネットという具合に、情報伝達の速度はものすごい勢いで加速しました。それにつれて、単位時間あたりに伝達できる情報量も拡大しました。

「生産プロセスの加速」とは生産にかかわる速度の加速です。生産のためのキー・テクノロジーは水力機関、蒸気機関、内燃機関（エンジン）、そしてコンピューター・テクノロジーへと変化を遂げてきました。またデジタル化により、設計や開発などの作業が、物理プロセスから情報処理プロセスへと変化しました。

生産プロセスの加速は、消費にも影響を及ぼしました。生産速度が高まっても、それを消費する速度が高まらなければ、生産したものが余ってしまいます。必然的に生産速度と消費速度の上昇は手を取り合うかたちで進行することになりました。

つぎに**「社会変動の加速」**（acceleration of social change）とは、社会の制度や慣行が変化することです。もちろん、社会の制度や慣行は技術的革新の影響を受けます。前述の輸送やコミュニケーション、生産プロセスの変化によって世の中は大きく変わってきました。

しかしローザは、社会変動の加速は技術による加速だけに帰することができないと主張します。たとえばラジオは19世紀末に発明され、5000万人の聴取者に普及するまでに38年を要しましたが、その25年後に発明されたテレビは5000万人に普及するまでわずか13年、インターネットは最初の接続から5000万人目まで4年しかかかりませんでした。

またタイプライターが発明されたのは1714年ですが、市場を通じて普及するには175年かかりました。冷蔵庫や掃除機は20世紀の初頭に発明され、普及までに30年から40年かかりました。ところが20世紀後半に発明されたCDプレーヤーやビデオレコーダーは、たった10年で普及しました。私たちがいま使っているスマートフォンの普及期間は、もっと短かったかもしれません。

ここで大切なのは新しい発明が登場するテンポではなく、それが普及するテンポが速いということです。普及のテンポが速いということは、人々が新しい技術を受け入れる習慣が加速していることを意味します。そしてこれは、**社会の制度や慣行が変化するスピードが高まっている**ことを示しています。

社会変動の加速は、技術の普及だけではありません。衣服、食事、言語、仕事、家族のあり方など、社会を構成する主要な要素の変化は、かつて世代間でゆっくり生じるものであり、個人がその変化を感じることはありませんでした。ところが、いまは違います。変化が非常に速くなり、ときには数年で社会の様子が変わるようになりました(17)。

ローザは、社会変動全般の加速を非常に面白い表現で説明しています。社会変動が加速することで**「現在の収縮」**が生じるというのです。彼は、「現在」という概念について「経験の空間と期待の地平［中略］が変化することなく同一のままである、持続性ないし安定性をもつ期間」と定義します(18)。随分と難しい言い回しですが、要するに、経験の意味合いが大きく変化せず安定している期間が「現在」である、ということです。

この定義に基づくと、私たちは現在という期間においてのみ、これまでの経験から現在や未来に対する推論を引き出すことが可能になります。なぜなら、現在以外では、その経験の持つ意味が変わってしまうからです。そして現在という期間においてのみ、過去の経験や、そこから得られた知識に対して安定した期待を持つことができますから、それらに基づいて判断をしたり、行動をしたりすることが可能になります。

こうした「現在」の定義は、過去と未来が何であるかも規定することになります。すなわち「過去とはもはや成り立つと期待できない事柄の全体」であり「未来とはまだ成り立つと期待できない事柄」というわけです（19）。

ローザは、この「現在」という概念の定義に基づいて、社会的および文化的な面における「過去化の速度」が上昇し、また社会文化的な「イノベーションの圧縮」が進行することで、「現在の収縮」が生じているといいます。つまり、ほんの少し前の時点が、これまでの経験や常識が通じない「過去」となり、またほんの少し先の時点が現在の経験や常識が通じない「未来」となってしまうことにより、**「いま」という期間がどんどん短くなってきている**というのです。そして彼は、「社会変動が全般的に加速しているという主張の意味するところは［中略］『現在』が収縮しているということにある」と述べています（20）。

ローザの著作の訳者で東京大学大学院人文社会系研究科教授の出口剛司は「現在の収縮」について、「時間それ自身はもはや連続した『流れ』ではなく、個々の出来事が現れては消える、断片化した『瞬間』として経験されるようになる」と指摘しています（21）。

３つ目の「**生活テンポの加速**」（acceleration in the pace of life）は、ある時間内における行為や経験の数が増大することです。１日、１ヶ月、１年の間にする行為や経験がかつてより多くなっているならば、生活のテンポは加速しています。

技術や社会変動が加速することで、私たちはより少ない時間で、より多くのことができるようになったはずですが、不思議と生活はさらに忙しくなりました。これについてローザは「**私たちには時間がない、あふれんばかりに勝ち取っているのだが**」と述べ、「近代世界のとてつもないパラドクス」だと指摘しています（22）。こうした現象は、生活テンポの加速が、技術的加速や社会変動の加速から、ある程度独立したものであることを意味しています。

ローザは生活テンポの加速について、客観的な面と主観的な面から構成されていると主張しています。そして客観的にみると、生活テンポの加速とは、行為の「圧縮」（あるいは短縮）だと述べています。いささか難しい表現ですが、具体的に考えるとよくわかります。

行為の圧縮は、いくつかの方法で達成されます。１つ目は食事、睡眠、家庭でのコミュニケーションの時間の短縮など、ある行為の速度を上昇させることです。２つ目は、何かをしてから次に何かを始めるまでの時間を減らすこと、つまり行為と行為の間の休憩時間や空白時間を減少させる方法です。3つ目は行為の多層化で、複数のことを同時に行うこと、すなわちマルチ・タスクです。これらの行為の圧縮によって、生活テンポは客観的に加速します。

生活テンポには加速の主観的な面もあります。通常、生活テンポの加速は、行いたいことの量が、それを行うために必要な時間を上回っていることの結果として生じます。このため生活テンポの加速の背景には、「時間が足りない」（時間資源の欠乏）という感覚が存在します。この感覚は、時間的な窮迫感や逼迫感、時間についていけないという不安のような心理を生じさせ、「時間それ自体がより速く経過していくという感覚」をもたらします（23）。

興味深いことに、「時間が足りない」という言葉は18世紀から繰り返されてきたそうです。新しい技術によって客観的意味での時間の短縮（行為の圧縮）が達成され続けているにもかかわらず、私たちは以前よりも忙しく感じています。ローザはこの点に着目し、主観的な生活テンポは「不断に加速し続けている」と主張しています（24）。

消費にかかわる4つの特徴

ここまでリキッド消費という概念の理論的基盤である、「リキッド・モダニティ」と「社会変化の加速」について説明してきました。しかしいずれの概念も社会全体の変化について大きく論じたものであり、消費の変化については必ずしも細かく論じられていません。

これに対してバーディーとエカートは、バウマンやローザなどの研究を参考にしつつ、「生産を中心として組織された生活から、消費を中心として組織された生活へのシフト」が、リキッド・モダニティの要因の1つだと述べています（25）。そして、消費と深く関連するリキッド・モダニティの特徴として、道具的合理性、個人化、リスクと不確実性、生活やアイデンティティの断片化の4つをあげています。以下に説明しましょう（26）。

バーディーとエカートによると、**道具的合理性**（instrumental rationality）とは、生活のなかでとりくむべき問題を明確にして、もっとも効率的あるいは費用対効果的なかたちで、その解決に取り組むことです。ただし、ここでいう問題とは住宅を買うかどうか、職場を辞めるべきかどうか、という深刻なものばかりではありません。きょうのランチは何を食べようか、週末はどの映画を観ようかなど、気軽なものも生活における問題の一部です。現代人は無駄なことや意味のないことを避ける傾向が強いことを考えると、この特徴は理解しやすいでしょう。

重要なのは、このような合理性が経済的な交換（つまり売り買い）だけでなく、社会的交換や個人的関係の基礎にもなっていることです。実際に私たちの身の回りでは、もののごとを合理的に判断するために、さまざまな評価システムや数量化システムが開発され、ランキングやスコアとして活用されています。

たとえば、SNSのフォロワー数表示を考えてみてください。専門家であるか一般消費者であるかを問わず、個人のパフォーマンスが容易に数値化されるようになりました。そしてそうした指標を参考にして、自分にとってメリットの大きい人とつき合うことも多くなりました。かつて友人とは、自分のメリットになる人とは限らなかったことを考えると、今日の社会では道具的合理性が社会的交換や個人的関係の基礎になっていることを実感できると思います。

これについて大学の授業で話したときのことです。ある受講生のレポートにこんなことが書かれていました。

「今の人々は昔に比べて、なんの目的もなく集まるということが減ったなと思いました。仲がいいから集まるわけではなく、なにか行きたい場所、体験したい場所が同じだから会って遊びに行くということが増えていると感じます。なんでもいいから集まるということが減った結果、顧客の目的になれるような個性がある飲食店が増えています。これは、私を含め同じくらいの年代の人が、この飲食店のこの料理が食べたくて行くという行動をするからだと考えます」

彼女の言葉は、私たちの日常生活が道具的合理性に基づいていることを如実に物語っています。

個人化（individualization）も、消費という観点から見たときの、リキッド・モダニティの重要な特徴です。世の中全体が流動的になり、それまでの社会形態や社会制度が準拠する枠組みとして機能しにくくなった結果、人々のアイデンティティ（自分らしさ）は所与のものからタスク（課業）へと変容しました。

所与とは、前提として与えられたものという意味で、英語ではgivenが相当します。たとえば「横浜育ち」であるとか「町工場の長男」といった具合に、かつては与えられた要素によって自分らしさが意識される傾向にありました。ところが現代では自らのパフォーマンス、つまり自分が何をしているかによって、自分らしさが決まるようになってきました。タスクによって、アイデンティティが決まる時代になったわけです。

居住地、地域コミュニティ、職業、あるいは宗教といった社会的な枠組みが、アイデンティティの源泉として役立たなくなると、人々は何らかの集団のメンバーとしてではなく、「独立した個人」として生きていくことになります。そしてこうした個人化が進むと、自分らしさを実感するために消費に頼ることも多くなります。どのような製品やブランドを購入し、所有するかによって自分らしさを感じるようになるわけです。

この背景には、「レスポンシビライゼーション」という考え方の普及があります。かつては公の責任であったことを個人の責任とすることであり、いわゆる新自由主義的な考え方の1つとされます。そこでは環境、安全、健康、経済など社会における幅広い課題に関して、政府や自治体ではなく個々人の努力に委ねようとします。つまり、問題を解決するために個人が積極的な役割を果たすことが求められるようになります。日本語でいえば「自助努力」であるとか「自己責任」という考え方に近いものです。

3つ目は、**リスクと不確実性**（risk and uncertainty）です。社会全体が流動的になることで、人々は自身の地位、資格、そして生活手段について不安を抱きやすくなります。また自らの所有物、場所、あるいはコミュニティの将来についても、不確実性を感じやすくなります。

この傾向は、レスポンシビライゼーションの広がりによって、一層強められることになります。個人化によって人々は脆弱な存在となり、リスクや不確実性の高さがそれに追い打ちをかけることになります。そして人々は、組織や集団からの援助がほとんど期待できないまま、孤立を深めていくことになります。

4つ目は、**生活やアイデンティティの断片化**（fragmentation of life and identity）です。社会全体の流動性が高まると、長期的な考えや計画を持つことが難しくなり、生活やアイデンティティが断片化しやすくなります。そしてこの断片化は、人々に柔軟で適応的であることを求めるようになります。つまり自らの考え方を常に短期的に変え、こだわりや一貫性を捨て、その時々に手に入るチャンスを活かすことが求められるようになります。

このようにして、リキッド・モダニティにおいては継続性や安定性はお荷物となり、軽くて流動的なものを受け入れる能力が求められるようになります。目新しさやアップデートに重点が置かれるため、不要になれば捨てられること、迅速に入れ替えられること、新しいものを獲得しやすいことが、より高い価値をもつようになるのです。

世の中に広がる流動化

リキッド・モダニティや社会変化の加速の考え方は、世の中のさまざまな領域に当てはまります。「仕事」という領域に目を向けると、派遣やフリーランスが増えるとともに、契約ベースの仕事が一般化しました。伝統的なオフィスだけでなく、シェアード・オフィスやコワーキング・スペースで働く人も増えています。これらは労働の流動化といえるでしょう。

また「ウィキペディア」は、誰もが参加できるオープン型のコミュニティの中で、お互いに面識のない人々が一時的に協力しあうことで成立しています。ある研究者はこうした脆弱で、一過性の協力スタイルをリキッド・コラボレーションと称しています(27)。

本章で見てきた社会変化の加速や、道具的合理性、個人化、リスクと不確実性、生活やアイデンティティの断片化も、私たちの身の回りで容易に実感できます。いまや私たちは、どこにでも簡単に移動し、誰とでも簡単にコミュニケーションを行い、身の回りのものの買い替えスピードも速まりました。次々と新しいものを受け入れ、生活のテンポも速くなっているように思えます。そして物事に合理的に取り組もうとし、個人を大切にしています。しかしその一方で、将来に対して不安を感じたり、生活が断片化したり、職場と家庭とSNSでいくつもの顔を使い分けたりしています。

リキッド・モダニティや社会変化の加速について理解を深めたところで、次章では、本書の主題であるリキッド消費について、じっくりと説明していくことにします。

（1）Bauman, 2000; Rosa, 2005
（2）Bauman, 2000, 邦訳 p.7
（3）Bauman, 2000, 邦訳 p.8
（4）Bauman, 2000, 邦訳 p.11
（5）Bauman, 2000, 邦訳 p.8
（6）Bauman, 2000, 邦訳 p.11
（7）森田, 2001, p.272
（8）森田, 2001, p.273

（9）森田, 2001, p.275
（10）森田, 2001, p.275
（11）森田, 2001, p.274
（12）森田, 2001, p.273
（13）森田, 2001, pp.275-276
（14）Muñiz and O'Guinn, 2001
（15）Bardhi and Eckhardt, 2017
（16）以下の技術的加速、社会変動の加速、生活テンポの加速についての説明はRosa（2005, 邦訳 pp.87-100）に依拠しています。
（17）Zantvoort, 2019
（18）Rosa, 2005, 邦訳 p.94
（19）Rosa, 2005, 邦訳 p.94
（20）Rosa, 2005, 邦訳 p.95
（21）出口, 2022
（22）Rosa, 2005, 邦訳 p.xix
（23）Rosa, 2005, 邦訳 p.98
（24）Rosa, 2005, 邦訳 p.98
（25）Bardhi and Eckhardt, 2017, p.2
（26）以下の道具的合理性、個人化、リスクと不確実性、生活やアイデンティティの断片化についての説明は Bardhi and Eckhardt, 2017, pp.2-3 に依拠しています。

（27） Jemielniak and Raburki, 2014

第2章　消費が液状化する――リキッド消費とは何か

前章で見たように、バーディーとエカートはリキッド・モダニティの考え方を発展させ、リキッド消費という概念を提示しました。彼女らは、リキッド消費を「**短命（ephemeral）**で、**アクセス・ベース（access based）**で、**脱物質的（dematerialized）なもの**」と定義しています（1）。本章では、これら3つのリキッド消費の特徴について詳しく説明していきます。

特徴1・価値のはかなさ「短命性」

リキッド消費の第1の特徴は**短命性**です。

短命性とは、価値が文脈特定的となり、その寿命が短くなることです。「価値が文脈特定的となる」というのは少し分かりにくい表現ですが、おおまかには、「価値が場面ごとに限定される」と考えてよいでしょう。たとえば仕事のときに大切なことは仕事という場面に限定され、趣味に打ち込んでいるときに大切なことは趣味という場面だけに限定される、といった具合です。

短命性の背景には、コマ切れ社会、合理的で実利志向の価値観、社会全体のスピードアップが潜んでいると考えられます。

コマ切れ社会

リキッド・モダニティの特徴として、伝統的なコミュニティからの解放がありました。それは仕事や学校など、社会生活と私生活が切り離され、友人関係も地域の枠にとらわれなくなるというものでした。

現代人の生活は、仕事、家庭、友人関係、ネットなど、複数の異なる場面から構成されています。そして、それぞれの場面で相手も話題も変わります。「お仕事モード」「趣味モード」などの表現がよく使われるように、私たちは「コマ切れ社会」のなかで生活をしています。また、たいがいの人は、それぞれの場面に応じて複数の顔を持っています。相手に応じて、異なる自分を使い分けている人も多いでしょう。

仕事をしているとき、友人と会っているとき、趣味に打ち込んでいるとき、あるいは家族とくつろいでいるときなど、それぞれの場面で大切だと思うことが変化します。何が好ましく、何が好ましくないかという価値観も場面ごとに変わります。結果として、価値が文脈特定的となります。

価値が文脈特定的になれば、消費行動もそれに応じて変化します。その場に応じて次から次へとテンポよく楽しむ消費をイメージするとわかりやすいでしょう。この傾向が強まると、価値の寿命は短くなり、個々の製品やサービスの陳腐化も早まります。

合理的で実利志向の価値観

短命性は、リキッド・モダニティの特徴の1つである道具的合理性によって、さらに拍車がかかります。道具的合理性とは、生活のなかでとりくむべき問題を明確にして、もっとも効率的あるいは費用対効果的なかたちで問題解決に取り組むことでした。つまり合理的で実利志向的な行動を好むことといえるでしょう。

私たちの購買行動が、合理的で実利志向的な傾向を強めてきたことは、「コスパ」という言葉をよく耳にするようになったことからも確認できます。ご存知のように、「コスパ」は、コスト・パフォーマンスの俗語であり、投入される費用や労力とそれによって得られる成果や満足の割合を意味します（２）。第4章で分析するように、「コスパ」という言葉は、２０１０年代からよく使われるようになりました。

「コスパ」志向が強くなると、「同じ費用や労力なら、より大きな成果を得たい」、「同じ成果を得るなら、より少ない費用や労力で済ませたい」と思うようになります。まさに**合理的で実利志向的な価値観**です。

合理的で実利志向的な価値観が強まると、製品を購入し消費することから得られるベネフィット（便益）がより重視されるようになり、意思決定はドライなものになります。ネット・ショッピングでは、わずか1円の差で顧客が去っていくことも珍しくありません。購買行動が合理的で実利的になるにつれて、短命性にさらに拍車がかかります。

社会全体のスピードアップ

もう1つ、**社会全体のスピードアップ**によっても、短命性は促されます。技術の加速や社会変動の加速によって、ファッションからスマートフォンまで次々と「新作」があらわれ、それまでの製品はすぐに「旧作」になっていきます。小売店を見渡しても、期間限定品や数量限定品が次々と投入されています。

こうした加速は、今日ではソーシャル・メディアに顕著に表れています。そこでは無数の話題が次々とタイム・ラインを流れて行きます。ほとんどの情報は気に留められることなく、使い捨てです。

以上のように、コマ切れ社会、合理的で実利志向的な価値観、社会全体のスピードアップといった要因によって価値が文脈特定的となり、その寿命が短くなりました。

その瞬間を楽しむタイプの消費

私は短命性を象徴する現象として、**「その瞬間を楽しむタイプの消費」**が目立つようになってきたと考えています。実際、自分自身の生活や周囲の知人を見渡してみても、世の中全体として、目まぐるしく、次々と、色々なものが、消費されるようになってきているように感じます。

『COURRiER Japon』に「7回着たらポイ――加速するファストファッション、年間消費量は800億枚」という記事が掲載されていました(3)。イギリスの慈善団体の調査によると、現代では、一着の服は平均して7回着用されると捨てられるそうです。いまや洋服は、７回着たらゴミ箱行きです。古い服を捨てれば、新しい服を買うことになります。つまり消費者は次から次へ新しい服に「移って」いきます。まさに「その瞬間を楽しむタイプの消費」です。

その場その場で欲しいものが変わることが多くなる状態を、「消費のビュッフェ化」と表現する人もいます（４）。ビュッフェでは美味しそうな料理が大量にならび、目移りしますが、時間には限りがあります。そこで一瞬で「美味しそうか」を考え、ひとくち食べてみます。美味しくないと思えば他の食べ物へと移っていきます。こうしたビュッフェにおける行動様式が、生活全般に見られるようになってきたというわけです。

学生たちのレポートにも、こうした傾向は顕著です。リキッド消費について講義をしたとき、ある学生のレポートにこう書いてありました。「『話題』に対しては敏感ですが、自分が持つ『興味』はだんだんなくなっている感じがします」。とても鋭い分析ではないでしょうか。実はこれは日本人学生でなく、外国人留学生のレポートの一部です。的確な表現に驚かされるとともに、「その瞬間を楽しむタイプの消費」が日本だけの現象ではないことが示されています。

価値の短命化は、新しい製品を手に入れ、古くなった製品を手放すことにつながります。しかし、多くの人は製品を継続的にアップグレードすることに罪悪感を感じるはずです。こうした矛盾に消費者はどう対応しているのでしょうか。ある研究によると、消費者はこの罪悪感を正当化するために、製品に対して無頓着になる傾向があるようです。ベレッツァらによると、私たちは魅力的な新製品があることを知ると、自分が所有している製品に対して不注意な行動をとったり、放置したり、危険な行動をとったり、あるいは消費速度を速めたりすることが明らかになっています（5）。

たとえば、製品を紛失しても一生懸命探さない（不注意な行動）、修理を怠る（製品の放置）、防水ではない製品を水の近くで使用する（危険な行動）、通常よりも多くの量を使用する（消費速度を速める）などです。こうして製品が機能しなくなったり、破損したりすれば、予定より早くアップグレードができます。

本来、所有する製品をわざと傷つけたり、粗末に扱ったりするのは非合理的な行動です。したがって、そうした行動を意図的に行えば、自分のことを浪費家だと認識してしまいます。そこで消費者は、これらの行動は意識的に行ったものではない（そのつもりはなかった）と認識しようとします。うっかり壊してしまった「ハッピー・アクシデント」だと解釈するわけです。

特徴2・所有しないで消費する「アクセス・ベース」

リキッド消費の第2の特徴は**アクセス・ベース**傾向が強いことです。

アクセス・ベース消費とは、「市場が介入できる［すなわち売り買いはできる］ものの、所有権の移転が生じない取引によって構成される消費」のことです（6）。つまり物を購入して所有するのではなく、一時的にアクセスして経験を得る（そしてその経験に対して対価を支払う）消費のことです。価値にアクセスする消費という意味で、アクセス・ベース消費といわれます。

アクセス・ベース消費はレンタル、リース、シェアリングなどによって実現されます。最近では特にコンテンツ・ビジネスの多く、たとえば音楽や動画の配信がアクセス・ベースになりつつあります。「はじめに」でも述べたように、アクセス・ベース消費が普及することで「所有しないで消費する」ことが多くなりました。

アクセス・ベースとは「何を買うか」という問題ではなく、「どのように買うか」という問題、つまり買い方の問題です。より正確に言えば、取引形態についての問題です。お金を払って所有権を得るのではなく、お金を払って使う、利用する権利を得るのがアクセス・ベース消費です。

アクセス・ベース消費は、サブスクリプション（サブスク）と異なります。サブスクリプションは定期契約型の購買方式のことであり、たとえば食品や化粧品などの定期便など、所有権の移転が伴うものも含まれます。

アクセス・ベース消費はサブスクリプションと異なるものですが、両者の相性が良いのも事実です。音楽や動画、ゲーム、電子書籍などのコンテンツだけでなく、車、洋服、家電のような耐久財でも、アクセス・ベース消費とサブスクリプションの組み合わせがみられます。所有せずに利用すること（アクセス・ベース）は、その期間だけ定期的に料金を支払うこと（サブスクリプション）と組み合わせやすいからでしょう。

アクセス・ベース消費の効果

アクセス・ベース消費は、消費者に少なくとも3つの効果をもたらします。①所有がもたらす負担を軽減する、②十分な経済的手段を持たない消費者の可能性を広げる、③

バラエティ・シーキング行動を可能とすることです。それぞれ見ていきましょう。
①たとえば車の購入には何百万円ものお金が必要です。購入後も、税金、保険、ガソリン代（あるいは電気代）、駐車場代などの出費がかさみます。さらに定期的なメンテナンスのために車を販売店などに預ける手間が発生します。壊れたり、傷ついたりしないか、心配事も増えます。ところがレンタルならば、そうしたこととは無縁です。アクセス・ベースの消費は、所有することで生じる経済的、心理的、感情的、社会的な負担を低減してくれます。つまり所有がもたらす重荷から消費者を解放し、変化に富んだライフスタイルを可能にします。
②十分な経済的手段を持たない消費者が、手の届かないブランドを一時的に消費することを可能にします。たとえば高級車や高級バッグ、あるいは卒業式や成人式のために高額な着物を買うことはできなくても、借りることならできます。
③バラエティ・シーキングを促します。バラエティ・シーキングとは、マーケティング用語であり、消費者がバラエティ（多様性）を求めるために、ある製品カテゴリーのなかで購買するブランドを頻繁に変えることをいいます。たとえば同じブランドのチョコレートばかり購入していると飽きてしまうので、色々なブランドのチョコレートを買

ったりすることです。

バラエティ・シーキングはお菓子やジュース、カップ・ラーメンなど比較的低価格の製品に多い現象と考えられてきました。しかしアクセス・ベース消費では、高額な製品でも生じる可能性があります。たとえばカーシェアリングを利用する場合、同じ車を借り続けるのではなく、さまざまなタイプのブランドや車種を選択する傾向が強まるでしょう。

所有せずに利用するというアクセス・ベース消費は、「気軽に、ちょこっと」消費してみる、「つまみ食い消費」を広めることになります。

所有とは異なる動機づけ

アクセス・ベース消費について考えるときに大切なのは、それが所有とは異なる動機づけにもとづくことが多いことです。物を使う理由と、物を手に入れる理由は同じではありません。ほとんどの人は、借りたものを自慢することもなければ、愛着を抱くこともありません。

周囲の羨望を意識した消費を「顕示的消費」といいます。いわば、見せびらかし型の消費で、高級車やラグジュアリー製品でよくみられます。しかしアクセス・ベース消費が広まると、この傾向は弱まるかもしれません。所有から利用へと消費スタイルが移るにつれて、希少性よりも、簡単に借りたり返したりできること、あるいは使い方が簡単なことが重視されるようになる可能性があります。

特徴3・ものに頼らない「脱物質」

リキッド消費の第3の特徴は、**脱物質**傾向が強いことです。

脱物質とは、同じ水準の機能や価値を得るために、物質をより少なくしか（あるいはまったく）使用しないことです。こう説明すると堅苦しく思えますが、実際には私たちの消費生活の様々な場面で脱物質が生じています。例をあげながら説明しましょう。

かつて私たちは、ネガやプリントという物質の状態で写真を保有していました。しかし今では、大半の人がスマートフォンやパソコンの中にデジタル・データとして保有しています。プリントでもデジタル・データでも写真を保有（所有）していることは同じですが、データで写真を保有する場合、物質をほとんど使用していません。

紙に印刷されて提供されていたものが2次元コード（QRコード）化され、スマートフォンで読み取り確認することも増えました。紙でもデジタルでも、得ている情報の内容にあまり違いはありませんが、物質への依存度は大きく異なります。

また今日では、かなりの人が電子マネーを使っています。紙幣も電子マネーも金銭を所有しているという点では同じですが、電子マネーの場合、物質に頼ることなく所有をしています。紙幣だけでなく、飛行機や新幹線やライブも、紙のチケットからeチケットになりました。

さらに、かつて音楽や映像を楽しむにはレコード、CD、ビデオテープ、DVDなどが必要でしたが、現在では多くの人が配信サービスを利用します。そのほか、紙の診察券でなく、デジタル診察券を導入するクリニックもあります。これらはいずれも脱物質といえます。

ものより経験

消費における脱物質化は、物がサービスに置き換えられたり、デジタル製品や情報製品（ソフトウェアなど）が普及したりという具合に、非物質的な財（サービス財や情報財）が増加したことに加えて、消費者自身が**ものよりも経験を重視する**傾向が強まったことでも、加速されています。私たちの価値観が、何かを所有するよりも、何かを行うことを求めるように変化し、これが脱物質化を促進したわけです。

最近では、高価な物を目立つように所有するよりも、贅沢でユニークな経験をすることの方が、社会的ステータスになってきたと指摘する研究者もいます。エカートとバーディーは、現代のステータス・シグナルが「目立たないこと」「経験を含む非所有」「知識と職人技に基づく本物」に依存しつつあることを指摘しています（7）。ハイ・ブランドに代表される、贅沢で排他的な高級ブランドを所有することよりも、ユニークな冒険旅行をしたり、芸術的な体験をしたりすることの方が、人々の羨望や喝采を浴びるというわけです（8）。

物質の代替化と経験志向

以上のように、脱物質という概念は「ものからの脱却」と「ものより経験」の組み合わせとして考えることができます。これらは「**物質の代替化**」と「**経験志向**」ともいえるでしょう。物質の代替化とは、それまで物質を用いて提供されていたものが、物質以外のものを用いて提供されるようになることです。物質を使わずに、同じような価値が提供されることといっても良いでしょう。経験志向とは、物質ではなく経験に価値を感じるようになってきたことです。これは、物質よりも経験に時間やお金を費やそうとする姿勢ともいえます。

物質の代替化（ものからの脱却）が社会の仕組みの変化であるのに対して、経験志向（ものより経験）は消費者の価値観や嗜好の変化という点で異なります。しかし、物質の代替化と経験志向は、いずれも「消費生活における物質（もの）への依存度低下」という点で共通していますし、互いに深い関係にもあります。

複数の自分を使い分ける多元的自己

最後に、脱物質と自己の関係について触れておきます。さきほど述べたように、脱物質はデジタル空間での消費と深く結びついていますが、デジタル空間での消費が増えるにつれて、消費者は複数の顔を持つようになることが指摘されています。デジタル空間では、複数のアイデンティティの間を自由に移動することが可能になるというわけです。

実際、現代の消費者はいくつものアカウントを持ち、いくつもの自分を使い分けています。これはリキッド消費が、「関係に応じて異なった自分を出しながら、その自分がどれもそれなりに本気であるような自己のあり方」と説明される「多元的自己」と深い関係があることを示唆しています（9）。

（1）Bardhi and Eckhardt, 2017, p.1
（2）明鏡国語辞典
（3）COURRiER Japon, 2020
（4）gmi@hatena, 2022. ただしビュッフェとは必ずしも「食べ放題」の意味ではありませんので、あくまでも比喩的な表現と考えられます。
（5）Bellezza, Ackerman, and Gino, 2017
（6）Bardhi and Eckhardt 2012, p.881
（7）Eckhardt and Bardhi, 2020
（8）久保田, 2023
（9）浅野, 2013, p.169, pp.192-198

第3章　ソリッドからリキッドへ――消費スタイルの広がりと省力化

前章では、リキッド消費の3つの特徴について説明しました。本章では、リキッド消費についてさらに理解を深めていきたいと思います。まずリキッド消費を正しく理解するポイントを、図を用いながら2つ紹介します。さらにリキッド消費を特徴づけるもう1つの要素として、「省力化」を加えることを提案します。

大きくて抽象的な概念

「はじめに」でも述べたように、リキッド消費は現代の消費生活を捉えるうえで、とても分かりやすくパワフルな概念ですが、ときおり誤解されることもあります。ここでは、リキッド消費を正しく理解するポイントを2つ説明します。

第1のポイントは、リキッド消費とは「**消費傾向の変化を大きく捉える、抽象的な概**

念」だということです。「リキッド消費＝シェアリング」でも、「リキッド消費＝サブスクリプション」でもありません。リキッド消費を具体的な消費行動にあてはめて考えると、視野が狭くなり、本質を見誤ります。リキッド消費とは、昨今顕著に見られるようになった新しいタイプの消費現象を、きわめて包括的に捉えた概念です。

図3－1　リキッド消費と具体的現象

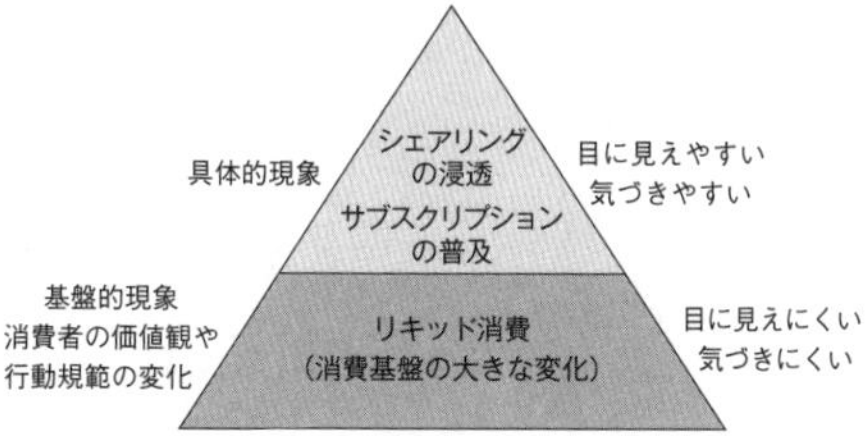

図3－1はこれを視覚的に示したものです。2010年前後から目立つようになったシェアリングやサブスクリプションは、いまでは私たちの消費生活にすっかり浸透しています。これらの目に見える、具体的な現象を支えている基盤が、リキッド消費です。

シェアリングやサブスクリプションの普及は実際に身の回りで生じている具体的な現象であり、見えやすく、気づきやすいものです。これに対してリキッド消費は、消費者の価値観や行動規範の変化という基盤的な現象ですから、目に見えにくく、気づきにくいものです。

人は何か物事を分かろうとするとき、つい具体的な現象に目を向けてしまいます。しかし、新しい消費についてしっかり理解するには、目に見えやすい具体的な現象と、それを駆動している基盤的な現象をきちんと区別する必要があります。

リキッド消費は、消費傾向の変化を大きく捉えた概念です。それは必然的に月単位、年単位で比較検討されるものではなく、10年、20年、あるいは30年という長い時間軸で語られるものです。

リキッド消費とソリッド消費

第2のポイントは、**リキッド消費をスペクトラム（連続体）の一部として捉えること**です（図3－2）。リキッド消費に対して、従来からある伝統的な消費スタイルを「ソリッド消費」といいます。ソリッドとは固体ですから、リキッド（液体）と反対の意味です。

バーディーとエカートはソリッド消費を「永続的（enduring）で、所有ベース（ownership based）で、物質形態（material form）の消費」と定義しています（1）。短命で、アクセス・ベースで、脱物質的なリキッド消費とは対照的です。

双方が対を成す関係にあることは容易に理解できると思いますが、大切なのは前述したように、消費を「ソリッド~リキッド」というスペクトラムとして考えることです。すなわち二分法で考えないこと、グレーゾーンの存在を意識することです。

図3-2　リキッド消費とソリッド消費

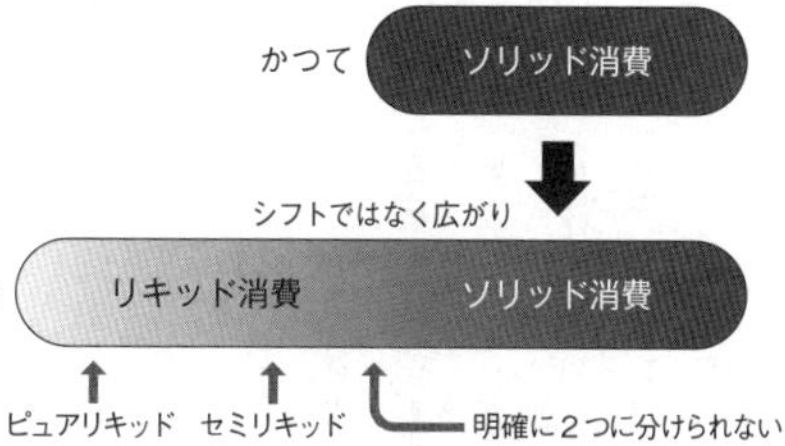

現実社会において「完全なリキッド消費」や「完全なソリッド消費」は必ずしも多くありません。むしろ大半はリキッド傾向が強かったり、あるいはソリッド傾向が強かったりするものです。したがって、「それはリキッド消費なのか、ソリッド消費なのか？」と白黒つけるのではなく、いずれの傾向が強いか、という見方をするのが適切です。

世の中を見渡すと、リキッド消費傾向が強い人もいれば、ソリッド消費傾向の強い人もいます。また、リキッド消費傾向が強い人であっても、すべての購買行動がリキッド化するわけではありません。映画や音楽といったコンテンツではきわめてリキッド消費傾向が強いが、醤油や酢など調味料の購買では、ソリッド消費傾向が強い、という人もいます。

少々くどいようですが、リキッド消費とソリッド消費が併存するということは、リキッド消費が常に生じる現象でないことを意味しています。では、リキッド消費はどのような場合に生じるのでしょうか。バーディーとエカートは、その境界条件について言及しています（2）。境界条件とは、ある理論や現象が成立し、通用する範囲のことです。

リキッド消費が生じる境界条件は4つ考えられます。

①**自己との関連性が弱い**：その製品やブランド、所有物が自分にとって意味深いものでない

②**社会的関係性が弱い**：社会的な結びつきが希薄な状態にある

③**モビリティ・システムへのアクセス可能性が高い**：さまざまな場所に簡単に移動できる環境にあり、いろいろな社会や文化に触れることができる

④**プレカリティが低い**：将来が見通せないような状況になく、未来に対する不安が少ない（プレカリティとは、元々は社会学で用いられる概念で、雇用の不安定などによって将来的な予測が困難である状態、つまり見込が不安定な状態を意味します）

これら4つのいくつかにあてはまると、リキッド消費の傾向は強まります。逆に、こ

れらと反対の条件下では、ソリッド消費の傾向が強まることになります。

リキッド消費とソリッド消費の関係を正しく理解するには、シフトではなく広がりと考えることも大切です。

ソリッド消費を「従来からある伝統的な消費スタイル」と説明したように、かつてリキッド消費はほとんど存在せず、大半がソリッド消費でした。それは主として物質的な製品を比較的長い期間にわたり所有し、消費するものでした。多くの人は服、車、本、レコードなどを自分で購入し、使い続けました。

ところが2000年ぐらいから、人々の規範（暗黙のルール）が変化するとともに、デジタル技術が発達することで、リキッド消費が広まってきました。たとえばファスト・ファッションが一般化することで、安い服を次々と買い替えるようになりましたし、車は購入せずにカーシェアリングで済ませる人が増えました。紙の本ではなく電子書籍を読む人が目立つようになり、ストリーミング・サービスで音楽を聴くことも普通になりました。

図3－2には、このような変化も示されています。かつてはソリッド消費が主流だったのに対して、現在ではリキッド消費が加わりました。もちろん先述の通り、リキッド

消費とソリッド消費は明確に2つに分けられないものですし、リキッド消費のなかにも「ピュアリキッド」といえるようなタイプもあれば、「セミリキッド」といったタイプもあるでしょう。

ここで大切なのは、**リキッド消費の登場によってソリッド消費が消滅したのではない**ことです。すべての人、市場全体がリキッド消費化するわけではありません。リキッド消費の出現で世界が一変したと考えるのは早合点です。

これまでの消費生活が「古くなった」のではなくて、私たちが「もう1つの消費スタイルを獲得した」と考えるのが適切です。繰り返しになりますが、リキッド消費の浸透を、「シフト」ではなく「広がり」として捉えることが大切です。

リキッド消費のもう1つの特徴「省力化」

ここまで、リキッド消費を正しく理解するポイントを2つ説明しました。本章の残りの部分では話の内容を大きく変えて、リキッド消費のもう1つの特徴について説明します。第2章で述べたように、リキッド消費には、短命性、アクセス・ベース、脱物質という3つの特徴がありましたが、私はこれらに加えて「省力化」というもう1つの特徴があると考えています。

「省力化」という特徴は非常に重要なものですが、少しわかりにくいかもしれません。そこで急がば回れということで、いくつかの例を用いつつ、じっくりと説明していきます。

以下では、まず現代の消費行動に見られる「多様性」と「即時性」について説明し、つづいてそれらは周囲から見ると「気まぐれな消費」と映ることを指摘します。さらに「気まぐれな消費」を実現するには、「時間と労力のコスト」が大きなハードルとなりますが、これを克服するために、現代の市場には3つの仕組みが存在することを指摘します。そしてこの3つの仕組みは、実は「省力化」という概念で統合できることを説明し、リキッド消費の実現が「省力化」によって支えられていることを明らかにします。

はじめに、大学でリキッド消費について講義をした際の学生のレポートを2つ見てみます。

祖母は私に「いいモノを長く使う」のが大切だと教えてきました。確かに祖母はデパートで買ったものを長く使っています。しかし私はどちらかと言うと「コスパがい

い」ものを何回も買うことによって、気分を変えたり、より多くの購買の機会を楽しんでいます。（Aさん）

母親や祖母はよく、店舗で欲しい商品が売り切れていると、店員さんに「商品入荷次第、連絡ください」と頼んでいます。しかし私としては、そんな面倒くさい事をするなら、似た商品を他で探せばいいのに、と感じてしまいます。（Bさん）

みなさんは、これらの記述から何を読み取ったでしょうか。私は彼女らの指摘がリキッド消費の実態を的確に表していると感じました。

Aさんの記述から読み取れるのは「**多様性**」（**バラエティ**）です。目先のトレンドをおさえつつ、手頃な価格で提供されるファスト・ファッションが普及したように、私たちはそのときの気分に合わせて製品やサービスを使い分けるようになりました。

Bさんの記述から読み取れるのは「**即時性**」です。お目当ての製品が店頭にないとき、わざわざ取り寄せをすることが少なくなったように、私たちはいますぐ簡単に手に入ることを期待するようになりました。

その時の気分に合わせて、すぐ簡単に手に入れようとする傾向が強まってきたことを指摘する記述はXの書き込みにもありました。

なぜか映画や小説とじっくり向き合ってられなくなった。栄養のある作品を咀嚼できない。気づけば思考停止でユーチューブを開いている。テンポの早いショート動画をスナック菓子のようにポイポイ放り込んでる。小さいサイズじゃないと口に入らないって感覚がここ数年ずっとある（3）

学生たちのレポートやSNSの書き込みを見る限り、どうやら私たちは、ますます移り気となり、バラエティに富んだ消費を求めるようになってきたようです。そして、そのときすぐに満足できないと、気が済まなくなったようです（4）。

こうした購買行動は、周囲からは**「気まぐれな消費」**と映るにちがいありません。あるいは、**「移り気で変化に富んだ消費」**ともいえるでしょう。

気まぐれな消費は、リキッド消費の特徴の1つ「短命性」と深く関わっています。短命性とは価値が文脈特定的となり、その寿命が短くなることでした。短命性が顕著となると、人々がその時々の状況（文脈）に応じて最適なブランドを選択し、消費する傾向が強まります。すると移り気で変化に富んだ消費、つまり気まぐれな消費が目立つようになります。

気まぐれな消費は、アクセス・ベースや脱物質という、リキッド消費の他の特徴にも関連しています。レンタルやシェアリングによって、所有せずに利用するだけの方が、その時々に応じたブランドを消費しやすくなります。またレコードやCDよりもストリーミングの方が、その瞬間の気分に合わせた曲を自由に聴けます。アクセス・ベースや脱物質が進展することでも、気まぐれな消費が目立つようになります。

手軽さを求める消費者

しかし、「気まぐれな消費」を実現するには障害もあります。色々なものを買うにはお金がかかりますし、次々にものを買い替えれば周囲から浪費家と見られるかもしれません。また、これら金銭的コストや社会的コストもさることながら、より大きな問題となるのが時間や労力のコストです。

色々なものを楽しむには「時間」が必要です。新しいものを探す、選ぶ、使い方を覚えるには「労力」がかかります。時間と労力のコストは、気まぐれな消費の大きなハードルです。

第1章で紹介したように、「私たちには時間がない、あふれんばかりに勝ち取っているのだが」とローザは指摘しました(5)。以前にも増して多様な消費を楽しむようになった現代人ですが、持ち時間は変わりません。1日24時間、1年365日という限られた時間でより多くのものを楽しむには、それぞれをより短い時間で楽しむ必要があります。こうした状況で、消費者は「手軽さ」を求めるようになると考えられます。

消費者が手軽さを求めるのであれば、当然、それに対応する仕組みが社会に現れます。**手軽さを実現する仕組み**について考えてみます。

まず文脈に応じて欲しいものや買うものが変わると、製品を選ぶ回数や選んだ製品を買う回数が増えます。すると、製品選択行動や製品購買行動にそれまでよりも多くの労力が必要となります。

また文脈に応じて欲しいものや、買うものが変われば、同じものを一度にまとめて買うのでなく、小まめに色々のものを買う傾向が強まります。すると、購買や支払い手続きの回数が増えますから、これらに対する労力も多くなります。

さらに、新しい製品を使い始めるために、新しい使い方を覚えたり習得したりする回数も増えます。つまり、製品使用のための学習により多くの労力が必要となります。

こうした消費者の労力を減らすために、いいかえれば消費者に「手軽さ」を提供するために、現代の市場にはいろいろな仕組みが用意されています。

以下では、①製品の選択を手軽にする（より簡単に選べる）仕組み、②購買と支払いの手続きを手軽にする（より簡単に買える）仕組み、③使用を手軽にする（より簡単に使える）仕組みについて順に見ていきます。①と②は買い物行動を手軽にする仕組みであり、③は使用行動を手軽にする仕組みです。

より簡単に選べる仕組み

①の「より簡単に選べる仕組み」としてまず思いつくのが、「製品を比較しやすくする工夫」です。典型的なのが「おすすめ」や「ランキング」といった比較サイトでしょう。今では家具、家電、車などの耐久消費財から、食品、飲料、化粧品、日用雑貨などの非耐久消費財、旅行、飲食、金融、教育、医療などのサービス財、動画配信や音楽配信のような情報財など、およそほとんどの製品カテゴリーに比較サイトが存在します。

AmazonやZOZOTOWNといったプラットフォーム型のECサイトも、製品の比較しやすさに一役買っています。こうしたサイトを利用すれば、一瞬のうちに複数の製品を比較することができます。

「安心感を高める工夫」もたくさんあります。比較サイトやECサイトによくみられる「星」の表示はその一例です。多くのサイトにおいて、どの製品が一番良いかが星の数で示されています。著名人の推奨や、パッケージに「満足度ランキング1位」といった表示をすることがよくあります。

これらはいずれも特定の製品に対して「お墨付き」を与える仕組みで、その製品を選んでおけば「間違いない」「失敗しない」という気持ちを生み出します。いいかえれば、消費者が自分自身の選択に間違いがないことを簡単に確認できるような仕組みです。

安心感を高める工夫が大切なのは、特に若者の消費行動を観察していると実感します。共立女子短期大学生活科学科教授の渡辺明日香は大学生のファッション消費について、雑誌のインタビューで次のように述べています。

「現在は、SNS（交流サイト）で情報が山のように取れるようになったのはいいけれど、自分で能動的に情報を取捨選択していかないといけなくなっている。〝お墨付き〟

がないから、自分が選んだものに自信や確証が持てない。その証左として、最近の学生は洋服を褒めると、ことのほか喜ぶんですよね」(6)

さらに渡辺は「今の若い世代は、洋服には興味を持っているのでしょうか」との問いに対してこう述べています。

「ものすごく興味がありますよ。よく言われる『ファッション離れ』なんて一切ありません。おしゃれを楽しみたいという気持ちは強いんです。ただ一方で、ひねれば蛇口から出るほど情報があって、それをさばききれない状態でもある。『誰かに選んでほしい』と思っている」(7)

第7章でも触れますが、最近の市場調査を見ていると、若者を中心に「自分に合った製品を教えて欲しい」と考える人が多いようです。調査データを詳細に見ると、こうした要望には「どの製品が優れているかを教えて欲しい」と、「どの製品が自分に合っているかを教えて欲しい」という2つの意味が込められているようです。つまり、「誰かに選んで欲しい」という気持ちは、「製品自体の評価」と「自分とのフィットの評価」という2つの要素から構成されています。

製品自体の評価とは、どの製品が機能、デザイン、評判において優れているかということであり、自分とのフィットの評価とは、どの製品が自分に向いているかということです。いずれの心理の背後にも「自分で調べる手間を省きたい」（効率的に選びたい）という気持ちと、「失敗したくない」（リスクを避けたい・安心感を得たい）という気持ちがあると考えられます。

より簡単に選べる仕組みとして、「製品を分かりやすくする工夫」もよく見られます。移り気で気まぐれな消費では、深い意味を持った製品よりも、シンプルで直感的に理解できる製品が好まれますから、その製品は何なのか、どのように良いのかを、すぐ簡単に分かるように工夫するわけです。製品の意味を単純化すれば、製品の理解も容易になりますから、十分な時間がなくても選ばれやすくなります。

こうした工夫は広告表現の変化にも見られます。中央大学名誉教授の田中洋は、20世紀中盤から後半には、メタファー（隠喩）を用いることで複雑で抽象的なブランドの意味を伝えようとする「ブランド・イメージ広告」がよく見られたのに対して、現在では、単純かつ明快なメッセージを伝えることで、できるだけ短時間で直接かつ明快にコンセプトを伝えようとする「シグナル化」（信号化）された広告が目立つようになったと指摘しています（8）。

たとえば、仕立ての良いスーツを着た男性が、摩天楼のオフィスで遠くを眺めながらコーヒーを飲むのがブランド・イメージ広告だとしたら、「フェアトレードのアラビカ豆100％で、いつも気分をリフレッシュ」というように、ストレートにメッセージを伝えるのがシグナル化された広告です。

シグナル（信号）とは「赤信号＝止まれ」のように、1つだけの意味を表す記号です。ブランド・イメージ広告では、その広告が何を伝えたいかを消費者自身が解釈しなくてはなりませんが、シグナル化された広告は表現が直接的なので、何を言いたいかがすぐわかります。田中は広告をシグナル化することで、ブランドの意味が一義的となり、短時間で消費者に訴求することが可能となると説明しています。

より簡単に買える仕組み

次に、②の「より簡単に買える仕組み」についてです。製品の購買を簡単にするポイントは、いつでもどこでも買えることと、購入や支払いの手続きが簡単であることに分けられます。

いつでもどこでも買えることの先駆者が、1970年代から1980年代に急速に展開されたコンビニエンス・ストアでした。個人商店とスーパーマーケットしかない時代には、最寄りの店舗まで距離があることが多く、ほぼ日中しか買い物ができませんでした。ところが近所に24時間営業のコンビニエンス・ストアができると、欲しいものをすぐに、いつでも買えるようになりました。少なくとも日用品に関しては、地理的な制約と時間的な制約から解放され、簡単に買えるようになりました。

２０００年以降はネット・ショッピングが発展しました。当初は書籍やＣＤなどの販売が主でしたが、今ではあらゆるものが扱われ、実際に店舗に行かなくても買い物ができるようになりました。またネット・ショッピングに用いられるデバイスには、パソコンだけでなくスマートフォンも加わり、自宅にいなくても簡単に買い物ができるようになりました。

地理的な制約と時間的な制約から解放されたことで、消費者は欲しいものをほぼ何でも、いつでも、どこでも買えるようになりました。

「より簡単に買える仕組み」は、いつでも、どこでも買えるだけでは成り立ちません。前述したように、購入や支払い手続きが簡単であることも重要です。現代のショッピングの特徴はこれら購入と支払いの手続きが極めて単純化されていることです。

ネット・ショッピングでは、ワンクリック購入が普及しています。あらかじめ氏名、メールアドレス、支払い情報、配送先住所などを登録しておけば、買い物のたびに入力しなくても、簡単に購入できます。しかもスマートフォンのアプリを使えば、毎回のログインさえ不要です。

モバイル・オーダーや（ネット・ショッピングの）店頭受け取り機能などによって、店内でのコミュニケーションを省いたり、受け取りまでの待ち時間を短縮したりすることも可能になりました。また反対に、店頭で実物を経験し、ネットで購入することで、持ち帰りの労力を省くことも可能となりました。これらに加えて電子マネーの普及も見逃せません。実店舗でもネット・ショッピングでも、電子マネーを使うことで支払いの手間はいっそう軽減されました。

より簡単に使える仕組み

最後に、③の「より簡単に使える仕組み」について説明します。限られた時間により多くのものを楽しむには購買した製品を簡単に使えることが重要です。すると、使い方が直感的に分かるものが好まれるようになります。最近の製品には、取り扱い説明書がなかったり、簡単なイラスト程度というものも多くなりました。またレッスン動画やチュートリアル動画を提供し、使い方を分かりやすく説明することも増えました。

一定の時間内により多く楽しむには「他のことにすぐに移れる」ことも大切です。それが簡単に始められ、簡単に片付けられるものであるほど、他のことに移りやすくなります。たとえば、本格的なコーヒーを家庭で楽しめるカプセル式コーヒーメーカーなどはこれに該当するでしょう。

消費のための労力を減らす

現代の市場には、製品の選択・購買・使用を手軽にする仕組みがあることを縷々述べてきました。これらは、いずれもよく見るものであり、「特に珍しくもない」という声も聞こえてきそうです。しかし注目していただきたいのはそれぞれの具体的内容でなく、これらがすべて「**省力化**」という流れに棹さしたものであることです。

比較サイト、シンプルで直感的な製品、シグナル化された広告、コンビニエンス・ストア、ネット・ショッピング、ワンクリック購入、モバイル・オーダー、電子マネー、箱を開けてすぐに使える製品、簡単に使えて簡単に片付けられる製品——すべてが「省力化」という概念で統合できます。一見バラバラに見える現象が、いずれも製品の選択、購買、使用にかかる労力の縮減という1つの方向を向いています。しかもこれらの多くは、2000年以降の短い期間に急速に実現し、普及したものです。

リキッド消費が社会に浸透し「気まぐれな消費」が顕著になると、製品の選択、購買、使用において「手軽さ」が求められるようになり、それに呼応して省力化を助ける仕組みが増えてきました。リキッド消費の実現は、省力化によって支えられているといえます。こうした理由から、**「省力化」はリキッド消費を支えるもう1つの特徴**だと、私は考えています。

ただし省力化はリキッド消費そのものではありません。同じ水準の結果を得るためにより少ない労力で済むようにすることは、おそらく有史以前から続く流れであり、後期近代に特有の現象ではありません。また、省力化によって時間に余裕ができたら、生活のペースを下げ、以前よりゆったりと生活することもできるはずです。したがって、省力化はそれ自体でリキッド消費を意味するものではなく、むしろリキッド消費の実現を支え、促進する「ブースター」としての役割を担っていると考えるのが妥当でしょう。

「省力化」というキーワードを意識すると、これまで無関係と思っていたものが、実は同じ意味合いを持っていることに気づかされます。たとえば「ＡＩレコメンド」（ＡＩによる推奨機能）と「東京ディズニーリゾート」は、一見すると関連性がないように感じますが、いずれも「受動的で効率的な満足の提供」という点で共通しています。

ショッピング・サイトなどに実装されたＡＩレコメンドは、数多くの製品群の中から自分にぴったり合うものを探し出してくれます。優れたＡＩレコメンドがあれば、自分であれこれと考えることなく、お手軽に買い物を楽しむことが可能です。他方、東京ディズニーリゾートには、多くの人に好まれるイベントやアトラクションが数多く用意されていて、自分で努力したり工夫したりすることなく、手軽に興奮や充実感を味わうことができます。

このように、両者はいずれも「私を確実に喜ばせてくれる」ものであり、より少ない努力で心地よさを提供してくれるという特徴を持っています。つまり、リスクを回避し、手軽で確実に満足させてくれるという意味で、受動的で効率的な満足の提供装置といえます。

受動的で効率的な満足を提供してくれるのは、デジタル・プラットフォームやエコシステムにも多そうです。Google や Amazon を使い続けていると、自分の好みに合った情報や製品が示されるようになります。また身の回りのものをApple製品で統一すると、それぞれが自動的に連携して便利に機能してくれます。

そのほか受動的で効率的な満足を提供してくれるものとして、「無印良品」もあげられます。無印良品のウェブサイトにはこう記されています。「無印良品が目指しているのは『これがいい』ではなく『これでいい』という理性的な満足感をお客さまに持っていただくこと。つまり『が』ではなく『で』なのです。」(9)

「これでいい」というコンセプトからは、「あれこれ迷わなくても、無印良品を選んでおけば、間違いはない」という状態を目指しているのが分かります。

受動的で効率的な満足を提供してくれる企業やブランドとつきあうと、心地よさが自動的に得られるので、王様になったような気分になります。しかし、そうした満足は依存性やアディクション（嗜癖性）を高めるかもしれません。少なくとも他の企業やブランドに簡単に移りにくくなるという点で、身離れが悪くなりそうです。

スローライフは主流となるか

読者の中には、「世の中の流れは省力化ばかりではない、むしろ日常生活に手間をかけることを好む傾向もある」とおっしゃる方もいるでしょう。たしかに現実には「スローライフ」という考え方がありますし、消費者行動の研究でもハイペースで多忙な日常生活から逃げる機会を求める人たちの存在が指摘されています（10）。

少し前には「丁寧な暮らし」ということばも流行しました。ウェブサイトによると、「日々の何気ないことに手間と時間をかける暮らしのこと」（11）、あるいは「時間はかかっても手間を惜しまず、日々の何気ない暮らしをおろそかにしない」（12）ことを指すそうです。

土鍋でご飯を炊いたり、お菓子を手づくりしたりすることが実践例として挙がっていました。私も、若い女性が「カセットテープで音楽を聴くような、丁寧な暮らしをしたい」と話すのを聞いたことがあります。

しかし、本当に世の中全体がスローライフ化するのでしょうか。伝説的ロックバンドKISSのジーン・シモンズがインタビューで面白い発言をしています（13）。

Q：最近、レコードが復活していることをどう思いますか？　レコードの復活は、（ダウンロードやストリーミングのような形の無い音楽ではなく）物理的な形のある音楽に対する欲求がまだあることを示しているのではないでしょうか?
A：失礼ながら、それが経済的にプラスになると思っているのなら、あなたは頭がおかしい。1万枚、2万枚、5万枚のレコードには何の意味もない。そんなことで経済の流れは変わらない。君は音楽マニアの話をしているのだろう。世の中にはそういう人もいるかもしれない。でも俺はレコードを買う奴なんて1人も知らないよ。ダウンロードに比べれば、その数は微々たるものだ。

たしかに、土鍋でご飯を炊いたり、レコードで音楽を聴いたりするのは素敵なことだと思います。効率性とは無縁の手間を惜しまない生活でしょう。しかし、そうした行為は生活のごく一部であることがほとんどです。私たちは生活の大半の場面で省力化を求めています。

手間のかかる生活は大半の人々にとって「趣味」であり、日常生活のすべてをそれに置き換える人が増えるとは思えません。コンビニエンス・ストアもネット・ショッピングもスマートフォンもSNSも捨て去って、朝から晩まで時間と手間をかけて生活しつづけるというのは、多くの人にとって難しいでしょう(14)。

第2章と第3章では、リキッド消費という概念について説明してきました。リキッド消費を正しく理解することは、新しいレンズを手にいれることに似ています。望遠レンズや広角レンズを手に入れたときのように、それまで見ていた世界がまったく異なったかたちで見えてきます。

リキッド消費というコンセプトを意識することで、断片的にしか捉えられなかった現象や、一見すると無関係に思える現象を、大きな変化の一部として結びつけて考えることができるようになるはずです。そして消費行動のさまざまな変化を包括的に理解できるようになると、小さな現象（個別的事例）に振り回されにくくなり、市場の大きな変化（トレンド）が見えてくるはずです。リキッド消費という抽象的な概念は、そのための優れたレンズといえます。

（1）Bardhi and Eckhardt, 2017, p.1
（2）Bardhi and Eckhardt, 2017

（3）@IowlQ, 2023
（4）久保田, 2023
（5）Rosa, 2005, 邦訳 p.xix
（6）染原・杉原, 2017
（7）染原・杉原, 2017
（8）田中, 2023
（9）無印良品, 2002
（10）Husemann and Eckhardt, 2019. なお「スローライフ」は和製英語であり、世界的には「slow movement」や「slow living」というようです。
（11）Oggi.jp, 2023
（12）Precious.jp, 2023
（13）Lord, 2022
（14）UCC上島珈琲株式会社が２０２３年４～５月に首都圏の20代～50代の男女を対象に調査をしたところ、約６割の人が「丁寧な暮らし」に憧れており、約３割の人が「丁寧な暮らし」を実践したことがあるものの、その４人に１人がすでに諦めてしまったそうです。また「丁寧な暮らし」をやめた理由は「暮らしにかけられるお金が減った」「手間が負担・面倒になった」「暮らしにかけられる時間が減った」「精神的余裕がなくなった・疲れた」などであり、同社はこれを「丁寧な暮らし疲れの実態が顕在化した」と分析しています（UCC上島珈琲, 2023）。

第4章　消費生活はどう変わるのか——4つの消費と調査データから考える

リキッド消費が広がると、私たちの消費生活はどう変化するでしょうか。

前章までを振り返ると、第1章ではリキッド消費の理論的基盤であるリキッド・モダニティと社会変化の加速について説明しました。第2章ではリキッド消費の特徴とされる、短命性、アクセス・ベース、脱物質について説明しました。そして第3章では、気まぐれな消費（多様性と即時性が重視される、移り気で変化に富んだ消費）を実現するために、省力化が志向されるようになることを指摘し、これがリキッド消費の4つ目の特徴と考えられると述べました。さらに省力化を実現するために、手軽さを実現する仕組み（より簡単に選べる仕組み、より簡単に買える仕組み、より簡単に使える仕組み）が社会に浸透しつつあることも指摘しました。

本章では視点をさらに下げて、リキッド消費の具体的な影響について考えていきます。

前半ではリキッド消費の特徴から推論をして、「4つの消費」と「4つの現象」を導きます。さらに後半では、過去数十年にわたる調査データから、リキッド消費の浸透状況を確認します。

社会に広まる4つの消費

バーディーとエカートは、リキッド消費に関する学術的研究の課題として、次の7つの論点を示しています。①消費者愛着と占有、②使用価値、③物質主義、④ブランド・リレーションシップとコミュニティ、⑤アイデンティティ、⑥プロサンプションとプロシューマー、⑦ビッグデータと自己の定量化と監視です。

これらは研究者にとって非常に重要な論点ですが、本書ではリキッド消費傾向が強くなると具体的にどのような消費行動が見られるかを、もう少し一般的な観点から整理してみます。「軽く選ぶ消費」「いろいろ楽しむ消費」「ひと手間かけない消費」「持たざる消費」という4つの消費です。

第1は、**「軽く選ぶ消費」**です。YouTubeに代表される動画サイトでは、「歌ってみた」「踊ってみた」など「〜してみた」という表現がよく見られます。そこには、物事に気軽にトライすることを肯定的に捉える価値観があるのでしょう。こうした傾向はリキッド消費傾向の強い人にもあてはまると思われます。深く考えることなく、ひとまず買ってみるという行動、つまり「軽く選ぶ消費」をみせるわけです。

軽く選ぶ消費の背後には、短命性、アクセス・ベース、脱物質というリキッド消費の特徴があります。価値が文脈特定的になり、その場に応じて違うものが欲しくなれば、熟考することなく、ひとまず買ってみることが多くなるでしょう。また所有せず使用するだけなら、ひとまず試してみようという判断もしやすくなります。さらにキャッシュレスによる購買は、紙幣や貨幣などによる現金購買よりも出費を意識させず、支出の際の心理的痛みが少なくなるので、ひとまず買ってみようと思いがちになります。

軽く選ぶ消費を前提としたビジネスも増えてきました。ストリーミング・サービスの「Netflix」のサイトには、入会するとどのようなコンテンツを楽しめるのかについて、ほとんど説明がありません。ひとまず入会して試してみて、気に入らなければ退会してください、というアプローチです。

フリーミアムも軽く選ぶ消費にフィットした手法です。ご存知の方も多いと思いますが、基本バージョンを無料で提供しながら、高度な機能や高機能のバージョンを有料で購入してもらうという手法で、ソフトウェアやアプリ、ウェブ・サービス、コンテンツ・サービスの業界でよくみられます（1）。

もちろん、入念に検討することなく選択すれば失敗のリスクも高まります。このため「軽く選ぶ」には安心して選べる環境が大切となります。その結果が「ランキング」の氾濫です。昨今では、本来単一の次元で評価できないものに対しても、無理やり序列をつけることが珍しくなくなりました。

ランキングに加えて、製品レビューやおすすめ記事でよく見かける「星」表示も、選択に一定の安心感を与えます。しかもこうした「お墨付き情報」は第三者だけでなく、売り手の企業自身によっても付加されています。「Amazon おすすめ」や西友の「みなさまのお墨付き」などです。「軽く選ぶ」消費が世の中に浸透するにしたがい、それをサポートする仕組みも広まってきました。

第2は、**「いろいろ楽しむ消費」**です。リキッド消費傾向の強い人は、「いろいろ楽しむ」傾向も強くなると考えられます。特定のブランドにこだわらず、多彩な製品やサービスを試してみるわけです。

リキッド消費には文脈特定的で実利志向的という特徴がありました。こうした特徴は、

「より大きな効用を追い求める、変化に富んだ消費」によって支えられることになります。つまり、その時々の気分で、いろいろなものを「少しずつ」楽しむようになるわけです。

たとえば、コストコで見かけるような巨大なまとめ売りではなく、アソートメント・パックや小さな使い切りタイプを選べば、その時々の気分にあわせて、さまざまなテイストやフレーバーを楽しめます。あるいは瓶入りのインスタントコーヒーでなくスティックコーヒーなら、毎回違う味を楽しめるでしょう。次章で説明しますが、実際の調査でも、リキッド消費傾向の強い人々は「いろいろな種類の製品を、毎回変えながら、少しずつ購買する傾向」が強いことが示されています（2）。

もちろん、いろいろ楽しむ消費は消費財に限りません。ストリーミング・サービスでは膨大な数の映像作品や音楽作品を気軽に楽しめますし、衣服のサブスクリプション・サービスによって、常に新しいワードローブを保つこともできるようになりました。

第3は、**「ひと手間かけない消費」**です。何年か前に洗剤自動投入型洗濯機がヒットしたそうです。洗濯機に洗剤を投入するのは大した手間でないように思えますが、実際に毎日洗濯してみると意外と面倒です。同じ結果なら、できるだけ手間を省きたいという人が増えてきたのでしょう。

ひと手間かけない消費とは、消費における省力化であり、その背後には「結果さえ良ければプロセスは問わない」という価値観があります。よほど趣味的なものでない限り、手間を省き、成果だけを求めるわけです。このように考えると、先に述べたランキングを好む傾向も評価の効率性を高めるものであり、ひと手間かけない消費の一種といえるでしょう。

興味深いことに、「結果さえ良ければプロセスは問わない」という価値観は、消費だけでなく現代人の生活全般に浸透しているようです。第6章で説明するように、リキッド消費傾向が強い人々は、苦労や努力はできるだけ避けて、効率よく幸せを手に入れたいと考えているようです。

第4は、**「持たざる消費」**です。これはアクセス・ベース消費とほぼ同じ意味です。リキッド消費傾向の強い人は、シェアリングやレンタルサービスなどを利用することで、所有せずに消費することが多くなります。

かつて消費と所有は深く結びつくものと考えられてきました。人々は対価を払って何かを自分のものとし、それを消費するというのが暗黙の仮定でした。しかしマーケティングの研究者であるランバートンとゴールドスミスはこれを否定し、今日の市場では「消費欲求と所有欲求が直交している」と指摘しています（3）。直交とは互いに無関係という意味で、彼らの主張は「今や何かを楽しみたいという気持ちと、それを欲しいという気持ちは無関係になった」と解釈できます。

同様の指摘はモアウェッジらの研究にもみられます（4）。彼らによれば、伝統的な消費では「物質」を「法的に所有」することが一般的でした。たとえば、家電、本、自動車、服、宝飾品、家具、住宅など、かたちがあるものを購入し、自分の所有物にします。

これに対して最近では「経験」にお金を払ったり、所有権ではなく「法的アクセス権」（利用する権利）にお金を払ったりすることが普通になってきました。カーシェアリング、服や宝飾品のレンタルなどは「物質の法的アクセス権」を得る消費ですし、電子書籍、音楽ストリーミング、ライブ、テーマパーク、リゾートなどは「経験の法的アクセス権」にお金を支払う消費です。彼らはこうした現象を「消費の進化」と呼んでいます。

2つの研究をまとめると、消費と所有が結びつかなくなり、かつては珍しかった所有を前提としない消費が増えてきたということになります。リキッド消費が浸透することで、「持たざる消費」が増えてきたと解釈できるでしょう。

なお、ここまで説明した4つの消費は、相互に排他的ではありません。したがって単独でではなく、複数が同時に組み合わさることがよくあります。

背後に存在する4つの現象

私は、軽く選ぶ消費、いろいろ楽しむ消費、ひと手間かけない消費、持たざる消費という4つの消費の背後には、「生活のジャスト・イン・タイム化」「興味のパケット化」「一時的所有」「不即不離」という4つの現象があると考えています。以下、順番に説明しましょう。

第1は、**「生活のジャスト・イン・タイム化」**です。

ジャスト・イン・タイムというのは、必要なものを必要なときに必要な量だけ生産することで、在庫を徹底的に減らそうという考え方です。もともとはトヨタ社内で行われていた「かんばん方式」という生産技法がルーツで、ごく簡単に言うと、製品が売れた分だけこまめに部品をオーダーするものです。部品在庫がたくさんあると、その部品を使い切るために売れ行きが落ちたモデルも生産しなくてはなりませんが、在庫が少なければ、いま売れているものだけを生産すればよくなり、無駄が少なくなります。

ジャスト・イン・タイムはコンビニエンス・ストアでも導入されています。店頭で売れた分だけをこまめに仕入れることで、売れない製品が店頭に並びにくくなります。また在庫量を減らすことで、小さな土地でも店舗の経営が可能になります。

生活のジャスト・イン・タイム化とは、大量の物や情報を抱え込むことなく、そのときに欲しいものだけを手に入れ、消費するという意味です。ジャスト・イン・タイムには、状況に応じて臨機応変に需要に対応できるという特徴がありますが、生活のジャスト・イン・タイム化には、欲求を即時的に満たす効果があります。

第2は、**「興味のパケット化」**です。これは物事に対する複数の興味や関心が、パケット（小分け）されていくつも存在する状態のことです。物質でも情報でも、小分けにしておくことで扱いが楽になり、交換も簡単になります。そこで興味をパケット化することで、つまり複数の興味を（深掘りしない程度に留めて）いくつも持っておくことで、限られた時間で色々と楽しむことが可能になります。

「生活のジャスト・イン・タイム化」も「興味のパケット化」も比喩であり、学術的な概念ではないので厳密な議論には適しませんが、リキッド消費を感覚的に理解するには役立つと思います。

第3は、**「一時的所有」**です。リキッド消費が浸透すると「売ることを前提に買う人」が増えるようです。これはメルカリ、Yahoo!フリマ、Yahoo!オークションなど、フリーマーケットやオークションで売ることを前提に買い物をする人のことです。売ることを前提に買うことは「一時的所有」(temporary ownership)と呼ばれ、2010年代から研究が盛んになりました(5)。一時的所有を意識して買う人は、後日いくらで売れるかを考えて購買をするため、値落ちしにくい製品を好む傾向があります。

マーケティング研究ではフリーマーケットやオークションを2次流通システムといいます。2次流通システムはリキッド消費環境の広まりによって充実してきたため、売ることを前提に買う人はリキッド消費時代の申し子だといえるでしょう。

第4は**「不即不離」**です。リキッド・モダニティやリキッド消費が進展すると、人と人の関係、人とブランドの関係、人と企業の関係が希薄になります。第1章で紹介した森田の指摘にあるように、人々は社会的な制約や管理から解放され、自由な生活を手に入れることができます。その一方で、やはり森田が指摘しているように、不安や苦悩を個人で解消しなくてはならなくなります。

このとき生じる、「しがらみは嫌だけれど、ひとりぼっちも嫌だ」という相反した気持ちを解消するのが、つかず離れずの関係です。それはベッタリとせず、一定の距離感を保ちながらつきあう関係であり、色々な人とちょっとずつつきあう関係といえます。こうした関係はＳＮＳに代表されるデジタル・コミュニケーションによって、以前よりも容易になりました。

私はこうした状態を「不即不離」と表現するのが最適だと思います。不即不離とは「ぴったりくっつきもせず、また、すっかり離れることもない関係にあること」です(6)。元来は仏教概念で、２つのものが矛盾しつつも相反しないでいる状態を指します。縛られたくないが、繋がっていたいというのはわがままにも見えますが、人間らしい素直な心理ではないでしょうか。

消費のリキッド化は本当に生じているのか

社会や消費が流動化しているという指摘はもっともらしく聞こえますし、身の回りを見渡しても実感できることが多々あります。つまり、「印象」としては妥当な主張に思えます。しかし、リキッド消費は本当に生じているのでしょうか。私たちの消費生活は実際に変わってきたのでしょうか。

実は、本書で度々触れてきたバーディーとエカートの論文は概念的な内容であり、データを用いた実証的な分析は行われていません。また本章で整理した「4つの消費」も、演繹的な推論と観察にもとづくものですから同じです。そこで以下では、消費のリキッド化が本当に生じているのかを、データを用いて確かめていくことにしましょう（7）。

分析にはいる前に、調査（リサーチ）に関して少しだけ説明しておきます。

調査には1次データを用いる場合と、2次データを用いる場合があります（8）。1次データとは、ある調査のために新たに集められたデータのことです。何らかの目的のために、アンケートをしたり、実験や観察をしたり、インタビューをしたりして集めたデータは1次データです。2次データとは、世の中にすでに存在するデータのことです。統計局などの公共機関、業界団体、民間調査会社、業界誌、新聞、インターネットなどから入手したデータは2次データです（外部データ）。また企業であれば、顧客の購買履歴データ、自社サイトの閲覧データ、「お客様の声」に寄せられたコメントなどが、社内に蓄積されていきます。これらも2次データです（内部データ）。

両者には、それぞれメリットとデメリットがあります。1次データはいわばオーダーメイドですから、欲しい情報が手に入りやすくなります。しかし新たに情報を集めるので、金銭的にも時間的にもコストがかかります。2次データは比較的少ないコストで入手ができますが、オーダーメイドではないため、必ずしも欲しい情報が手に入りません。また集計や分析方法、調査時期などの点で、常に信頼して利用できるとも限りません。そこで実際の調査では、それぞれのメリットとデメリットをふまえ、1次データと2次データを使い分けていきます。

本題に戻りましょう。リキッド消費は現実に生じているのでしょうか。消費は液状化しつつあるのでしょうか。実はこの問題に取り組むのは簡単ではありません。消費スタイルの変化について知るには、長期間にわたって継続的に記録されたデータが必要になるからです。

先にも述べたように、リキッド消費は消費スタイルの大きな変化を記述する概念であり、数ヶ月程度で生じるものではありません。このためリキッド消費の浸透を確認するには少なくとも数年、できれば数十年にわたり調査を続けなくてはなりません。一定の対象について時間を隔てて測定したデータを通時的データや縦断的データといい、そのうち等間隔で測定したものを時系列データといいますが、かなりの長期間にわたる通時的ないしは縦断的データ（できれば時系列データ）が必要となります。

そこで私は、（リキッド消費そのものではないものの）リキッド・モダニティやリキッド消費という概念に比較的近いと考えられる現象について、入手可能なデータを用いて分析を試みました。そうすることで消費の液状化傾向を、簡易的にではありますが、知ることができると考えたからです。

具体的には、株式会社クロス・マーケティングが40年以上にわたり行っているライフスタイル調査「CORE」と、Google のオープン・サービス「Google Trends」という時系列データを使って分析を行いました（9）。

欲求と価値観の分析

「CORE」は1982年から続けられている、消費者の価値観やライフスタイルについての調査です。毎年3000人もの一般消費者を対象に行われ、延べ10万人以上のデータが蓄積されています。

この調査では仲間欲求、安らぎ欲求、好奇心欲求、自分らしさ欲求、ふれ合い欲求、安心・安全欲求、向上欲求、マイペース欲求、協調欲求、健康欲求、私的領域欲求、変化欲求という、12種類の欲求の相対的な強さを「欲求シェア」として測定しています(10)。これらのうち本書では、**「仲間欲求」**と**「マイペース欲求」**のシェア変化に着目します。

仲間欲求とは、人とのつき合いを大事にしていきたいなど、他者との交際についての欲求で、マイペース欲求とは、自分の思い通りにすごしたいという、気ままさについての欲求です。いずれもリキッド・モダニティを特徴づける社会構造の液状化や、個人化を反映する項目だと考えられます。リキッド化が浸透しつつあれば、社会的な結びつきの希薄化によって仲間欲求は弱まり、個人化の進展によってマイペース欲求は強まると考えられます。

また「CORE」では12種類の欲求だけでなく、消費者が抱くさまざまな価値観についても測定をしています。本書では、これらの中から実利志向的な価値観を示すと考えられる**「利益に繋がらない情報にはお金をかけない」**と**「価格は時間や手間を含めたトータルコストで比較する」**という項目に着目して、時系列的な比較をすることにします。

図4-1　「仲間欲求」と「マイペース欲求」の変化

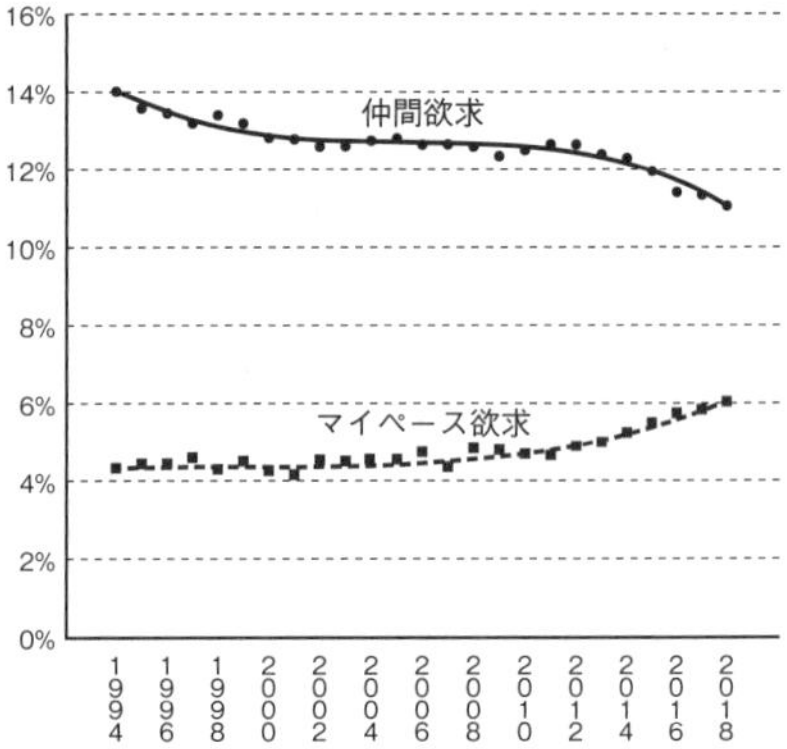

出典：久保田 2020a, 図1

前者は、使用価値に重きをおき実用的なベネフィットに価値を見いだす、というリキッド消費の特徴を反映すると考えられます。後者は、消費に伴う時間や手間は少ない方が良いという価値観を反映しているため、使用の容易さや利便性に価値を見いだすリキッド消費の特徴と関連していると考えられます。したがって消費のリキッド化が浸透しつつあるならば、これら2つの項目はいずれも高まると考えられます。

分析の結果を見てみましょう。図4-1は「仲間欲求」と「マイペース欲求」の時系列的変化を示したものです(11)。グラフの中の点は各年の欲求シェアの平均値であり、曲線はそれらの近似曲線です。1つの点が3000人の回答の平均値ですから、かなり精度の高い分析と考えられます。

まず平均値をみると、仲間欲求のシェアが1994年の14・02%から2018年には

11・05％へ、25年間で約3％ポイント低下しています。またマイペース欲求のシェアは4・36％から6・07％に増加しています。さらに近似曲線の傾きから、仲間欲求とマイペース欲求のいずれにおいても2012年ごろから変化が大きくなっていることがわかります（12）。これらの結果から、リキッド・モダニティの特徴とされる社会構造の液状化や、個人化の進展がうかがえます。

次に「利益に繋がらない情報にはお金をかけない」と「価格は時間や手間を含めたトータルコストで比較する」という、実利志向的な価値観を反映した項目について分析をしました（13）。

図4－2　実利志向的な価値観の変化

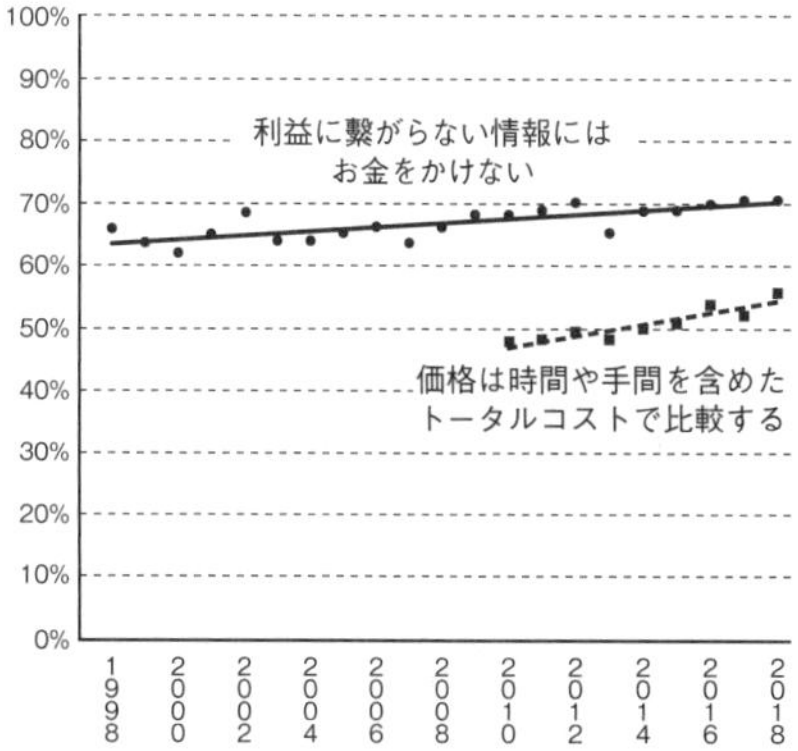

出典：久保田 2020a, 図2

図4－2は2つの項目の時系列的変化を示したものです。いずれの項目も時間の経過とともに上昇する傾向にあります（14）。これらの結果から、リキッド消費の特徴と整合すると考えられる、実用的なベネフィットに価値を見いだ

す傾向や、消費に伴う時間や手間は少ない方が良いと考える傾向が強まっていることが観察できます。

検索ワードの分析

Google Trends は、ある言葉が Google においてどの程度検索されたかを、時系列的な視点から示すサービスです。このサービスではある言葉について、検索量の時間的な推移が相対的に示されることになります（15）。

分析では「所有」と「借りる」という言葉に着目しました。これはリキッド消費の特徴の1つ、「アクセス・ベース」がレンタル、リース、シェアなどによって実現されることや、「脱物質」によってより少ない所有が望まれる傾向があることを踏まえてです。アクセス・ベースや脱物質といった傾向が強まれば、消費者の所有志向は弱まり、所有ではなく借りることに関心が向くと考えられます。

図4-3 「所有」「コスパ」「借りる」の検索量の変化

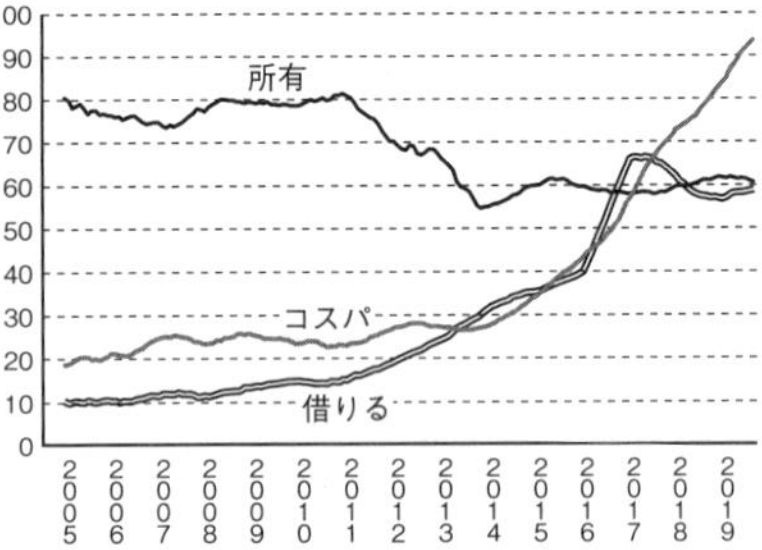

出典：久保田 2020a, 図3

また、実用的なベネフィット重視の傾向が強まることを踏まえ、「コスパ」という言葉にも着目しました。費用対効果の大きな方法で問題解決に取り組もうとする道具的合理性の傾向が強まることで、「コスパ」への関心も高まると考えられるためです。さらに日本だけでなく世界的な傾向を観察するために「value for money」という言葉にも着目しました。

図 4-4　「value for money」の検索量の変化

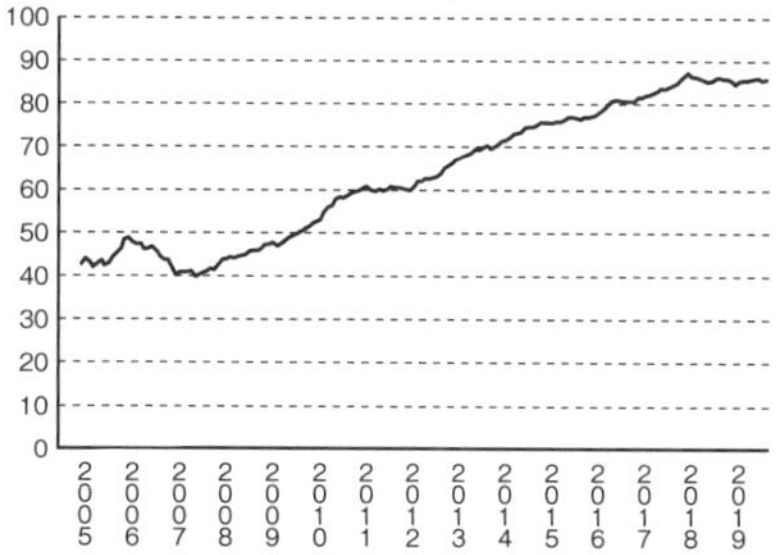

出典：久保田 2020a, 図 4

日本における「所有」「借りる」「コスパ」という言葉の検索量の相対的変化を時系列的に示したのが図４－３です（16）。「所有」という言葉の検索量は低下傾向にあり、「借りる」という言葉の検索量は上昇傾向にあります（17）。「コスパ」という言葉の検索量も上昇傾向です。これらから日本の消費者が、所有よりも、レンタル、リース、シェアに関心を抱きはじめており、またコスト・パフォーマンスを重視した、合理的な購買行動を志向する傾向が強まりつつあるという解釈が可能です。

図４－４は全世界における「value for money」という言葉の検索量を分析したものです（18）。一見して分

かるように、15年間にわたり「value for money」という言葉の検索量は上昇傾向にあります。この結果から、コスト・パフォーマンスを重視した合理的な購買行動を志向する傾向は、日本だけではなく世界的なものだと解釈することができるでしょう。

ここまでの分析結果から得られた解釈を以下にまとめます。

①他者にとらわれることなく、自分の思い通りに過ごしたい人が増えている。

②使用価値に重きをおき、実用的なベネフィットに価値を見いだす人が増えている。

③消費に伴う時間や手間は少ない方が良いと思う人が増えている。

④社会全体としてコスト・パフォーマンスを重視し、所有よりも使用に関心が置かれるようになりつつある。

既述のように、本章の分析はリキッド消費そのものを測定しているわけではありません。しかし大規模なデータを検討することで、リキッド・モダニティやリキッド消費という現象が社会に浸透している様子をある程度まで確認できたと思います。

（1）久保田・澁谷・須永, 2022

（2）久保田, 2022b, p.168
（3）Lamberton and Goldsmith, 2020, p.301
（4）Morewedge, et al., 2021
（5）たとえば Chu and Liao, 2007, 2010; Nissanoff, 2006; 山本, 2021 など。
（6）新明解国語辞典
（7）本章における調査の内容は久保田（2020a）を加筆修正したものです。
（8）久保田・澁谷・須永, 2022
（9）本書では株式会社クロス・マーケティングのご厚意により、「CORE」のデータを分析に用いることが可能となりました。この場を借りてお礼を申し上げます。
（10）「CORE」では、消費者が抱く12の欲求について、それぞれの欲求が心の中でどの程度の割合を占めているかを「欲求シェア」として示しています。そしてこの欲求シェアを測定するために、コンスタン・サム法という手法を用いています。コンスタン・サム法とは回答者に配分すべき一定の量を与え、複数の回答項目に対して総量を配分する方法のことです（牛窪, 1984）。実際の調査では、回答者は12枚のシールを受け取り、12の欲求のいずれかにシールを貼っていきます。回答者のなかには12の欲求に均等にシールを貼る人もいれば、ある特定の欲求項目に12枚すべてのシールを貼る人もいます。前者の場合、すべての欲求項目に1／12ずつシールが貼られることになるため、いずれの欲求も8・3％のシェアを持つことになり、後者の場合、1つの欲求に12／12のシールが貼られることになり、この欲求が100％のシェアを占めることになります。こうすることで、どの欲求が相対的に強いかを測定できるようになります。

(11) 本文中に記したように「CORE」は1982年から調査が行われていますが、1993年以前と1994年以降では質問文（ワーディング）が若干異なっています。そこで分析には1994年から2018年のデータを用いることにしました。毎年3000人に調査を行っていますから、延べ7万5000人の消費者から得られた25年間のデータによって、消費者の欲求の変化を観察することになります。

(12) こうした変化が誤差ではないことを確認するために、統計的な検証作業を行いました。その結果、いずれの欲求シェアも時系列的に変化する傾向にあることと、それらの変化の大半が時間の経過によって説明できることが確認できました。詳細な検証方法については、久保田（2020a）の注3をご覧ください。

(13) これらの項目は、いずれも「はい」「いいえ」の2値で測定されています。そこで本書では「はい」という肯定的な回答の割合が、どのように変化しているかを分析することにしました。なお今回の分析では、「利益に繋がらない情報にはお金をかけない」という項目は1998年から2018年にわたる21年間のデータを、「価格は時間や手間を含めたトータルコストで比較する」という項目は2010年から2018年にわたる9年間のデータを入手できました。

(14) 価値観の時系列的比較においても、変化が誤差ではないことを確認するために、基本欲求と同様の検証作業を行いました。その結果、各年の平均値が時系列的に変化傾向にあることが確認できました。詳細な検証方法については、久保田（2020a）の注4をご覧ください。

(15) 具体的には、特定の期間内における最大検索量を100として、検索量がどのように増減したかが0~100の相対値で示されます。

(16) 今回の分析では2004年1月から2019年8月にわたる15年8ヶ月の月次データ（188ヶ

月分）を用いましたが、分析に際しては季節性の影響を相殺するために12ヶ月ごとの移動平均を計算することにしました。このためグラフは２００４年12月から（ただしラベルは２００５年から）始まっています。

(17) なお「借りる」という言葉の検索量が２０１６年に大幅に増加しているのは、この年に固定金利型住宅ローンの金利が大きく下がったためと思われます。

(18) ２００４年１月から２０１９年８月のデータを用いました。ただしこの分析でも、季節性の影響を相殺するために12ヶ月ごとの移動平均を計算しました。したがって図４－４のグラフも２００４年12月から（ラベルは２００５年から）始まっています。

第5章　リキッド消費の実態を知る——定量データを用いた分析①

ここまで、リキッド消費という概念を説明するとともに、それが現代人の生活に浸透していることを2次データを用いて確認してきました。いずれの分析結果も興味深いものでしたが、リキッド消費自体を測定したものではありませんでした。そこで本章では、個人のリキッド消費傾向を直接測定する尺度を開発し、その実態を確認していきます。

リキッド消費のものさしをつくる

これまでにも述べたように、リキッド消費は比較的新しい概念であり、その消費傾向を測定する方法はまだ確立されていません。そこで私は、個人のリキッド消費傾向を測定する尺度（ものさし）を作成しました（1）。

この尺度は「社会全体の変化」「生活全般の変化」「消費スタイルの変化」という3つ

の側面についての認識を、アンケートによって調べるものです。つまり、①その人が社会全体の変化を感じているか（社会認識）、②自分の生活全般が変化していると認識しているか（生活認識）、③自分自身の消費スタイルが変化していると思うか（消費の流動性認識）、を明らかにしていきます。

本書は学術書ではないので詳細は省きますが、実際にはこの3側面について、「加速と変動」「合理的な生活」「将来的な不安」「ボラティリティ」「所有しない消費」「経験志向」「省力化志向」という7つの下位次元から測定します。それぞれの次元には3つずつ質問項目が用意されているので、回答者は全体で21項目の質問に答えます。本書ではこの7次元21項目から構成される尺度を**「消費の流動性尺度」**と呼びます。

消費の流動性尺度を用いて、2021年3月から4月にかけて、2回の調査をしました（2）。分析にあたっては、「クラスター分析」という手法を用い、回答者を3つのグループ（クラスター）に分けました。当初はリキッド消費傾向が高いクラスターと低いクラスターの2つに分けられると想定していたのですが、実際のデータを用いて統計的な指標を確認してみると、どうやら3つのクラスターに分けた方が現実を反映していることがわかりました。

1つ目のクラスターは、「社会認識」「生活認識」「消費の流動性認識」の3つの側面のすべてが負の値を示している人たち、つまり社会全体の変化をあまり感じておらず、自分が合理的な日常生活を送っているとも思っておらず、気まぐれな消費生活をしているとも感じていない人たちです。この人たちは従来型の消費者だと考えられますので、**「コンベンショナル・クラスター」**と名付けました。コンベンショナルというのは「伝統的な、従来の、昔気質の」といった意味です。

2つ目のクラスターは「社会認識」「生活認識」「消費の流動性認識」のすべてが正の値を示している人たちです。この人たちはリキッド消費傾向の強い人たちだと考えられますので**「リキッド・クラスター」**と名付けました。

3つ目のクラスターは「社会認識」に対しては正の値を示している一方で、「消費の流動性認識」においては負の値を示している人たちです。この人たちは「生活認識」を構成している「将来的な不安」という次元において、3つのクラスターの中で最も高い値を示していました。

このクラスターの人たちは、社会全体の変化を感じ、合理的な日常生活をある程度志向する一方で、将来に対して不安を抱いています。そして気まぐれな消費を好まず、経験よりも物質の所有に価値をおき、買い物に手間や労力を費やすことをいとわない傾向があります。これはリキッド・クラスターが、社会全体の変化を感じ、合理的な日常生活を好み、将来に不安を抱きつつも、気まぐれな消費を行い、物質の所有よりも経験に価値を感じ、買い物を手軽に済ませたいと思っているのと対照的です。

このクラスターは生活の不安定さや不確実性を強く知覚していることにより特徴づけられると考え、「プレカリティ・クラスター」と名付けることにしました。プレカリティとは、第3章で説明したように、雇用の不安定さなどによる、将来的な予測が困難である状態のことです。

本章ではこれら3つのクラスターを比較しながら、性別や年齢に違いはあるか、買い物に効率性を求めるか、プライベート・ブランドを好むか、日用品をどのように購買しているか、自動車を保有しているか、などを明らかにします。また次章では、3つのクラスターを比較することで、リキッド・クラスターの価値観について分析をしていきます。したがって本章および次章の分析は、社会全体におけるリキッド消費傾向の変遷をとらえたものではなく、現時点においてリキッド消費傾向が強い人の特徴をとらえたものとなります。

表5-1　各分析とデータの対応

第5章　リキッド消費の実態を知る					
	性別と年齢	買い物効率	プライベート・ブランド	いろいろ楽しむ消費	自動車の保有傾向
データ1	○				
データ2	○			○ パネルデータ	○
データ3		○			
データ4			○		
第6章　リキッド・クラスターの価値観を知る					
	時間とのかかわり方	失敗に対する感じ方	幸福感	共感傾向	環境配慮行動
データ1					
データ2					
データ3	○	○	○	○	
データ4					○

一連の分析では4種類のデータを用います。データの詳細は表5－1と注3をご覧ください。

性別や年齢に違いはあるか

まず、性別・年齢に着目してみます。図5－1は性別および年代別にクラスターの比率を示したものです。想像どおり、リキッド消費傾向は若年層において顕著ですが、40代～70代にも、こうした傾向の強い人は存在します。リキッド・クラスターは、若年層ばかりから構成されるわけではない、ということです。

たしかにリキッド消費は若年層の消費行動を考えるときに無視できない概念ですが、若年層だけの特徴だと捉えてしまうと、落とし穴にはまってしまいます。その一方で、若年層と中高年層の消費行動をまったく同じだと考えるのも短絡的です。むしろ同じリキッド消費行動でも、年齢によって内容に違いがある（質的に異なる）と考えるのが自然でしょう。

図 5-1　性別・年代別のクラスター構成
（上段 データ 1, 下段 データ 2）

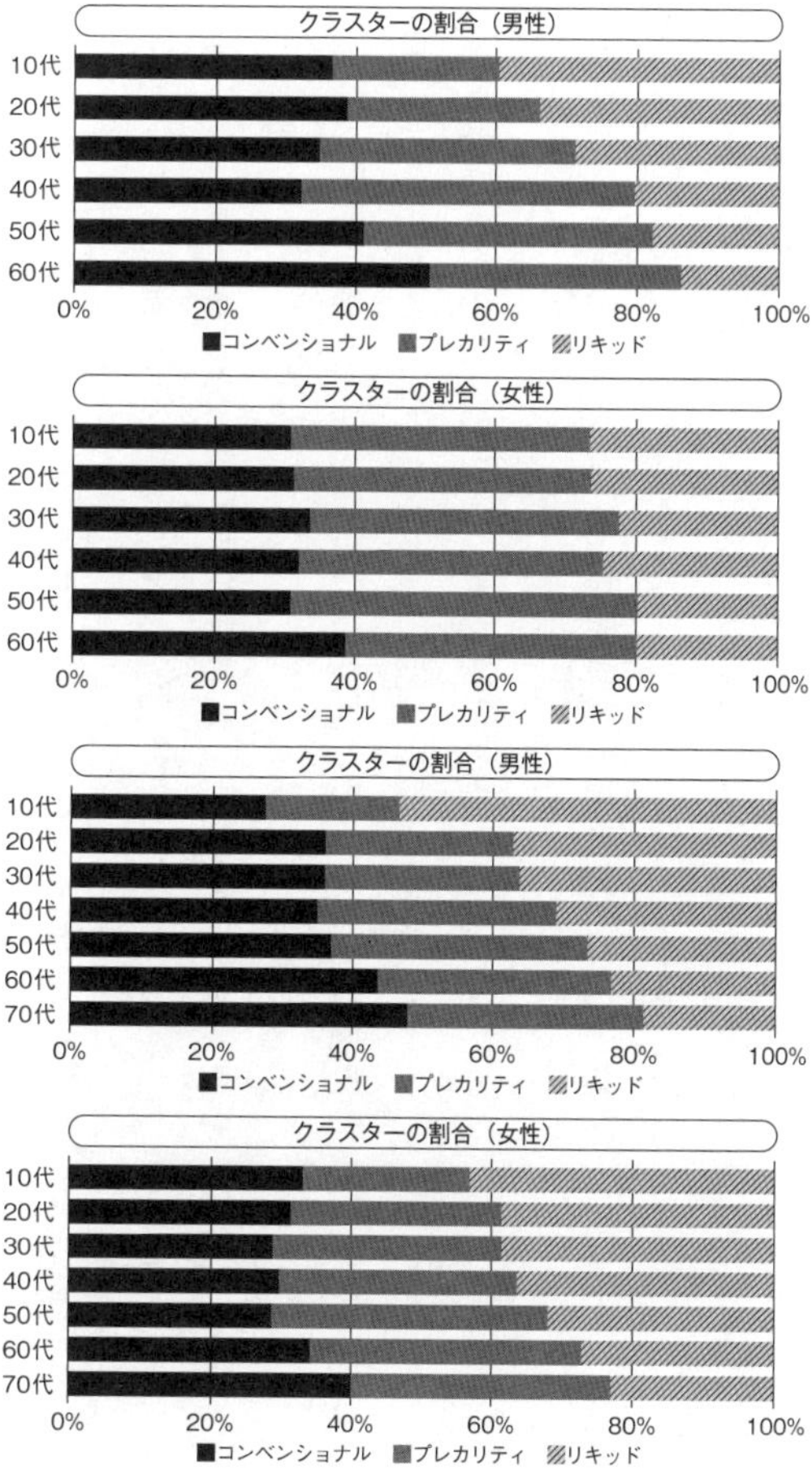

出典：久保田 2022b, 図 4 および図 10 を加筆修正

買い物に効率性を求めるか

リキッド消費には合理性を重視する特徴がありました。したがって、ひごろの買い物でも無駄を省き、効率的な行動を好む傾向が見られると考えられます。そこでリキッド・クラスターの人たちが、買い物行動において効率性を求めるかを確認してみました（4）。

ここでは、時間、場所、情報収集、簡便性という4つの側面について、以下の5つの質問を用いて分析します。それぞれの質問への回答を比べることで、買い物効率に対する3つのクラスターの具体的な違いを知ることができるはずです。

・買い物をするとき、できるだけ短時間で買い物を終えたい（時間）
・店舗で買い物をするとき、できるだけ一か所で買い物を終えたい（場所）
・オンラインで買い物をするとき、できるだけ1つのサイトで買い物を終えたい（場所）
・買い物をするとき、情報収集は必要最低限とし、情報収集をあまりせずに買い物を終えたい（情報収集）

図5-2　買い物効率

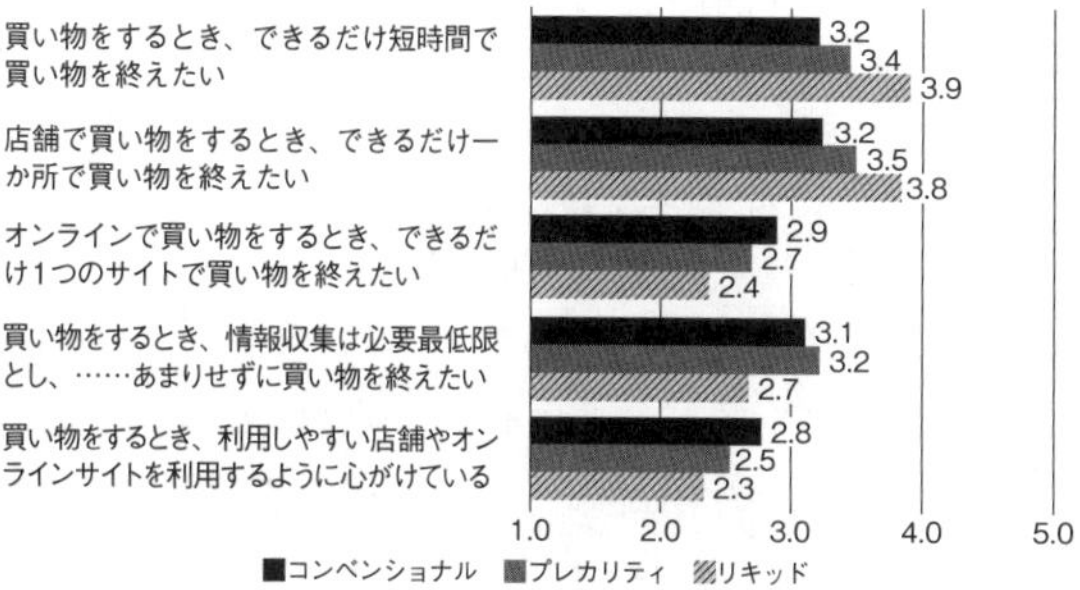

・買い物をするとき、利用しやすい店舗やオンラインサイトを利用するように心がけている（簡便性）

図5－2はこれら5つの質問について、「あてはまる～あてはまらない」の5段階でたずねた結果を分析したものです。「あてはまる」を5点、「あてはまらない」を1点としてクラスターごとに平均値を求めました。したがって、点数が大きいほどその質問にあてはまる傾向が強いことになります。

なお分析にあたっては「ウェイトバック」という手法を使い年齢と性別の影響を取り除いています（5）。また本書では、グラフに添えられたデータラベル（数字）は小数点以下1位までですが、グラフ自体はより高い精度で作成されています。

グラフでは、それぞれの質問に対してクラスター間で差が生じているように見えます。そこでこれらが誤差でないかを確認したところ、いずれも統計的に有意な差が確認できました（すべて$p < .01$）。

まず買い物に費やす時間についてです。予想どおり、リキッド・クラスターは、それ以外の人よりも高い得点を示しています。つまり、彼らは買い物に長い時間を費やしたくないということが読み取れます。

次に場所の効率性についてみると、「できるだけ一か所で買い物を終えたい」という実店舗での買い物行動と、「できるだけ1つのサイトで買い物を終えたい」というオンラインでの買い物行動の結果が反対になっています。リキッド・クラスターは、実店舗では一か所で済ませたいと思う一方で、オンラインではそう思っていないようです。実際のお店をいくつも歩き回るのは嫌だが、ネット・ショッピングなら複数のサイトを訪れても良いというわけです。すでに述べたように、この分析結果が年齢と性別の影響を除いたものであることを考えると、とても興味深いことです。

情報収集についてみると、リキッド・クラスターは「情報収集を必要最低限にする」という傾向が弱いことがわかります。彼・彼女らは合理的に買い物をするために、しっかり情報を収集するのでしょう。

簡便性という点では、リキッド・クラスターには省力化傾向があるので、利用しやすい店舗やサイトを好むのではないかと想像していましたが、結果は反対でした。買い物の本質が「自分の欲しいものを手に入れる」ことだとすると、合理的な行動を見せるリキッド・クラスターは、お店の使いやすさという付加的な側面よりも、自分の求めるものが希望する価格で手に入るという、より本質的な側面を優先するのかもしれません。

プライベート・ブランドを好むか

買いもの行動について、もうひとつ分析をしてみました。リキッド・クラスターが合理的で費用対効果が高いものを志向するならば、彼らは「プライベート・ブランド」（以下ＰＢ）を好むように思われます。

ＰＢとは、流通業者（多くは小売業者）が企画、開発、販売を行う製品をいいます。これと対比されることが多いのが「ナショナル・ブランド」（以下ＮＢ）で、全国規模のメーカーが企画、開発、販売を行う製品です。ＰＢはＮＢと比べて低価格のことが多く、費用対効果を求める場合には有力な選択肢となります。

ＰＢを好む傾向を測定するために、調査協力者にさまざまな製品カテゴリーを提示し、

図5-3　プライベート・ブランドを好んで買う

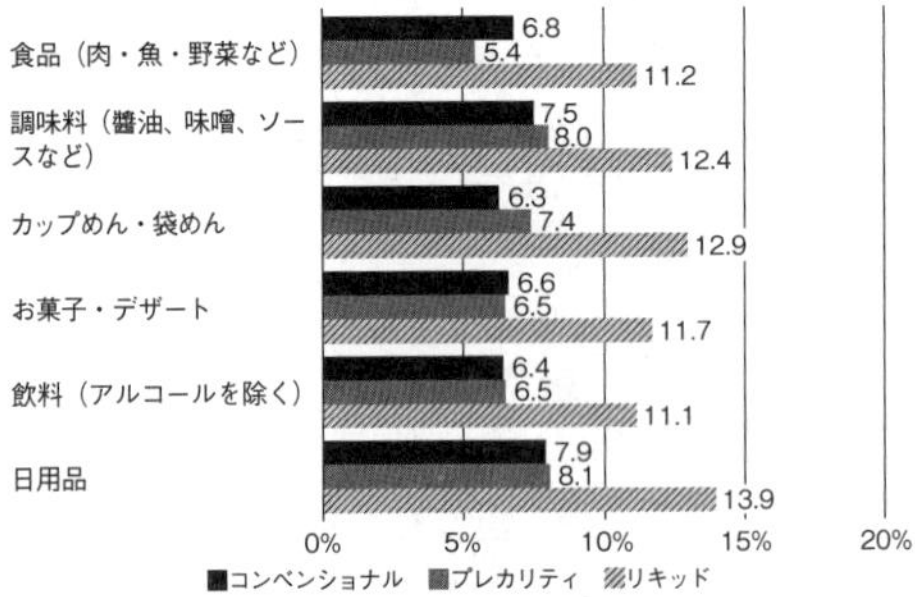

それぞれについて「ＰＢを好んで買う」「ＰＢもそれ以外もこだわりなく買う」「ＰＢ以外を好んで買う」「その製品カテゴリーは買わない」という４つの選択肢から１つを選んでもらいました（６）。

図５－３は製品カテゴリーごとに、「ＰＢを好んで買う」と回答した人の割合を示したものです。グラフが示すように、コンベンショナルとプレカリティの２つのクラスターと比べて、リキッド・クラスターは「ＰＢを好んで買う」と答える傾向が強いことがわかります。

それぞれの製品カテゴリーにおいてリキッド・クラスターとコンベンショナル・クラスター、およびリキッド・クラスターとプレカリティ・クラスターのパーセンテージに差があるかを調べたところ、いずれにおいても統計的な有意差が確認できました。

いろいろ楽しむ消費を確かめる

つづいて第4章で示した「4つの消費」の1つ、「いろいろ楽しむ消費」について調べてみます。その時々の気分で、いろいろなものを、少しずつ楽しむ――リキッド・クラスターの人々は、本当にそうした購買行動をしているのでしょうか（7）。

以下ではアンケート・データと実際の購買データを組み合わせて分析を行っていきます。分析対象としたのは食品、飲料、日用雑貨品、化粧品、医薬品などの日用消費財です（8）。

分析では、購買の「量」だけではなく「質」にも注目しました。短命性、アクセス・ベース消費、脱物質といった特徴は、より多くの購買（あるいはより少ない購買）をもたらすというよりも、特定のブランドに固執せずに、いくつものブランドを移り変わることに帰結すると考えられるからです。

具体的には、①購買金額（たくさん買うか）、②購買対象ブランドの広さ（いろいろな種類の製品を買うか）、③スイッチング傾向（毎回違うものを買うか）、④買い物集約傾向（まとめて買うか）を分析しました。それぞれの分析結果について説明していきます。

①購買金額（たくさん買うか）

クラスターの違いによって日用消費財の購買金額は異なるのでしょうか。この疑問を明らかにするために、3つのクラスターの1人あたり年間購買金額（年間レシート金額）を比較しました。その結果、全体の1人あたり年間購買金額が66万5347円であったのに対し、コンベンショナル・クラスターは年間65万6482円（全体と比べて99%）、プレカリティ・クラスターは年間68万5245円（同103%）、リキッド・クラスターは年間65万1845円（同98%）でした。プレカリティ・クラスターの金額が若干大きいものの、全体として大きな差は見られず、少なくとも日用消費財では、リキッド・クラスターの購買額は平均的な水準でした。

この結果は妥当性の高いものでしょう。なぜならリキッド・クラスターだけが洗濯用洗剤を大量に消費するといったことは考えにくいように、日用消費財の多くは、クラスターが異なっても必要量に大きな違いはないと考えられるからです。

②購買対象ブランドの広さ（いろいろな種類の製品を買うか）

つづいて「購買対象ブランドの広さ」について検討しました。これはある製品カテゴリーにおいて、どの程度幅広い種類の製品を買っているかということです。分析の単位は「ブランド」ではなく「SKU」(stock keeping unit) にします。SKUとは「コカ・コーラ」であれば「700㎖ペットボトル」「350㎖缶」「ゼロの500㎖ペットボトル」といった具合に、小売店で受発注や在庫管理を行うときの最小管理単位のことです。「ブランド」を単位とした場合は「350㎖缶」も「ゼロの500㎖ペットボトル」も同じものとしてカウントされますが、ブランドではなくSKUを単位として分析することで、より細かな消費行動を捉えることが可能となります。

購買対象ブランドの広さを測定するために、特定カテゴリーにおける年間購入アイテム数に着目し、「SKU種類数／購買個数」を指標としました (9)。この値が大きいほど、購買対象ブランドが広い（いろいろな種類の製品を買っている）と考えることができます。

「SKU種類数／購買個数」について、サンプル全体の集計値と各クラスターの集計値を、製品カテゴリーごとに比較したところ、コンベンショナル・クラスターは58カテゴリーのうち33カテゴリー（57％）において、サンプル全体の集計値よりもクラスターの集計値の方が大きいことが分かりました。同様にプレカリティ・クラスターは14カテゴリー（24％）で、リキッド・クラスターは43カテゴリー（74％）で、クラスターの集計値の方が大きいことが分かりました。以上から、リキッド・クラスターは、他のクラスターと比べて購買対象ブランドが広い（いろいろな種類の製品を買っている、購買対象がバラエティに富んでいる）ことが確認できました。

③スイッチング傾向（毎回違うものを買うか）

つぎは「スイッチング傾向」の分析です。これは、ある製品カテゴリーにおいて、毎回どの程度違う種類のものを買うかということです。特定の製品カテゴリーにおいてどの程度製品をスイッチするかを測定するために「スイッチ回数／買い物回数」を指標としました。「スイッチ回数」とは、1年間に、ある製品カテゴリー内でＳＫＵのスイッチが何回生じたかをカウントしたものです（10）。

「スイッチ回数／買い物回数」について、サンプル全体の集計値と各クラスターの集計値を、製品カテゴリーごとに比較しました。この結果、コンベンショナル・クラスターでは58カテゴリーのうち23カテゴリー（40％）において、プレカリティ・クラスターでは18カテゴリー（31％）において、そしてリキッド・クラスターでは、39カテゴリー（67％）において、サンプル全体の集計値よりもクラスターの集計値の方が大きいことが分かりました。以上からリキッド・クラスターは、他のクラスターと比べて毎回違うものを買う傾向が強い（スイッチング傾向が強い）ことが確認できました。

④買い物集約傾向（まとめて買うか）

最後に、「買い物集約傾向」について分析しました。これは、ある製品カテゴリーの製品を一度にまとめて買う程度のことです。買い物集約傾向が低ければ、その製品カテゴリーの買い物行動が分散的であり、小分けにして買う傾向が見られることになります。ここでは買い物集約傾向を測定するために、特定の製品カテゴリーにおける1回あたり購入量に着目し、「購買個数／買い物回数」を指標としました。ただし購買個数とはある製品カテゴリーの年間購買個数（SKUレベル）のことであり、買い物回数とはその製品カテゴリーの年間買い物回数のことです。

「購買個数／買い物回数」について、サンプル全体の集計値と各クラスターの集計値を、製品カテゴリーごとに比較した結果、コンベンショナル・クラスターは58カテゴリーのうち37カテゴリー（64％）において、プレカリティ・クラスターは15カテゴリー（26％）において、リキッド・クラスターは、39カテゴリー（67％）において、サンプル全体の集計値よりもクラスターの集計値の方が小さいことが分かりました。以上から、リキッド・クラスターは、他のクラスターと比べて、小分けにして買う傾向が強い（買い物行動が分散的である）ことが確認できました。

以上の②〜④の分析をまとめることで、リキッド・クラスターは「**いろいろな種類の製品を、毎回変えながら、少しずつ購買する傾向が強い**」ことが明らかになりました。リキッド・クラスターは、確かに「いろいろ楽しむ消費」をしているようです。

自動車を保有しているか

ここまで主に非耐久消費財（短期で消費される製品）を中心に分析を行ってきましたが、視点を変えて、耐久消費財（長期に使用される製品）についても分析してみましょう（11）。耐久消費財には色々な種類がありますが、その代表の1つである、自家用自動車（以下自動車）の保有傾向を見ていきます（12）。

図5-4　各クラスターの自家用自動車保有傾向

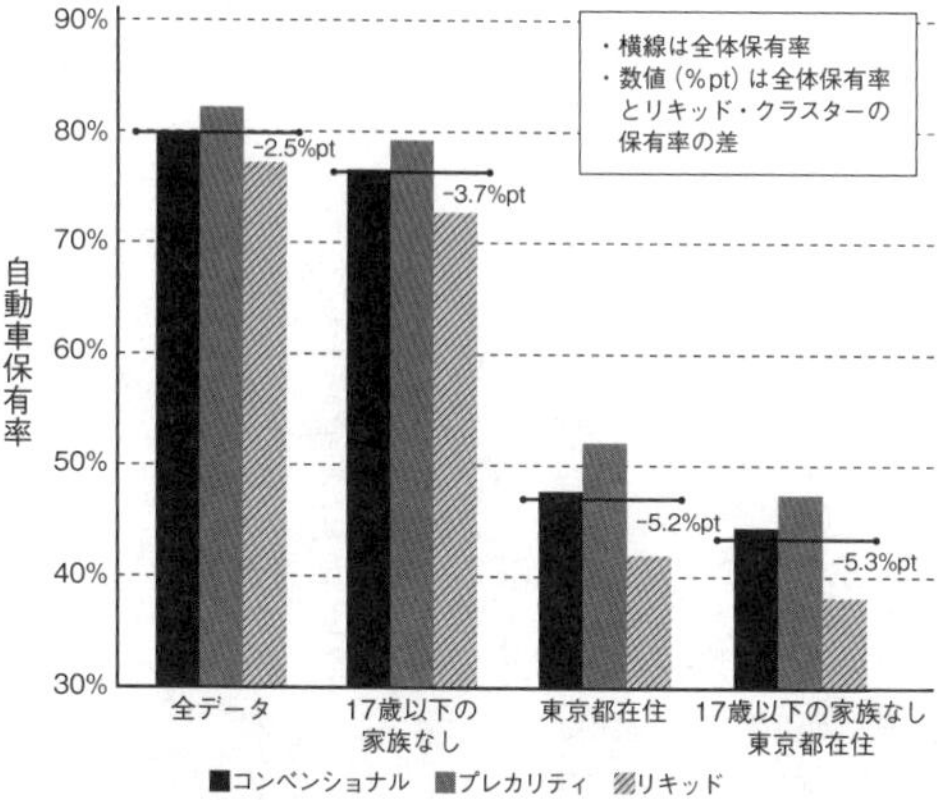

図5－4は各クラスターの自動車保有傾向を、いくつかの条件にもとづいて示したものです。いちばん左側はすべての回答者を対象として、自動車保有の有無をクラスターごとに示したものです。左から2番目は17歳以下の家族のいない回答者を対象として、右から2番目は東京都在住の回答者を対象として、そしていちばん右側は17歳以下の家族がおらず、なおかつ東京都に在住の回答者を対象として、分析をしたものです。

　横線はそれぞれの条件におけるサンプル全体の自動車保有率（全体保有率）であり、その下の数値は全体保有率とリキッド・クラスターの保有率の差です。たとえばすべての回答者を対象とした場合、リキッド・クラスターの自動車保有率は、3クラスター全体の自動車保有率よりも2・5%ポイント少ないことが分かります。

このような分析を行ったのは、家族の年齢や在住地など、「自動車を保有せざるを得ない条件」を段階的に緩めることで、実際の保有傾向がどう変化するかをクラスターごとに比較するためです。一般的に、自動車は公共交通機関が発達していない場合や、小さな子供がいる場合に必要性が高まると考えられます。そこでこれらを「自動車を保有せざるをえない環境的制約」と考え、その有無によって自動車保有の実態がどのように変化するかを、クラスターごとに比較したわけです。「17歳以下の家族がいない」ということは、未成年の子供と同居していないことの代理変数であり、「東京都在住」ということは、公共交通機関が極めて発達しているために、自動車を保有しなくても通常の生活が成り立つ環境に住んでいることの代理変数です。

分析の結果、全体保有率との差は、いずれの条件においてもリキッド・クラスターが最も低いことが示され、統計的にも有意差が確認できました（$p < .05$）。そして「17歳以下の家族なし」や「東京都在住」という条件を加えていくにしたがって、全体保有率とリキッド・クラスターの差が次第に大きくなっていくことが示されました。

ここから、リキッド・クラスターは**自動車を保有せざるをえないという環境的制約が緩やかになるほど、実際に自動車を保有しない傾向が強くなる**ことが分かります。こうした傾向はコンベンショナル・クラスターやプレカリティ・クラスターにはみられないものでした。

（１）尺度開発の詳細については、久保田（2022a, 2022b）をお読みください。
（２）１回目の調査は２０２１年３月から4月にかけて、日本国内に住む15歳から69歳の１万３２８０名に対してアンケートを行い、２４７１名から有効回答データを収集しました。２回目の調査は同年４月に日本国内に住む15歳から79歳の５万７３２９名に対してアンケートを行い、２万９１１５名から有効回答データを収集しました。
（３）第５章および第６章の分析では以下の４種類のデータを用いました。
・データ１　２０２１年３月から４月にかけて日本国内に住む15歳から69歳の１万３２８０名に対してアンケートを行い、２４７１名から有効回答データを収集しました。
・データ２　２０２１年４月に日本国内に住む15歳から79歳の５万７３２９名に対してアンケートを行い、２万９１１５名から有効回答データを収集しました。
・データ３　２０２３年２月に日本国内に住む16歳から65歳の一般消費者に対してアンケートを行い、５５０４名から有効回答データを収集しました。
・データ４　２０２３年８月に日本国内に住む16歳から65歳の一般消費者に対してアンケートを行い、

5249名から有効回答データを収集しました。

これらのうちデータ1とデータ2は、（注2に示した）3つのクラスターを識別するために用いたデータと同じものです。またデータ3およびデータ4は、割付けという方法を用いて、性別および年齢（5歳刻み）がほぼ同じ数になるように調整して収集しました。それぞれの分析と使用されるデータの関係は、表5－1に示したとおりです。

データ収集においては、株式会社インテージにご協力をいただきました。この場を借りてお礼を申し上げます。

（4）はじめにお断りしておかなくてはいけないのですが、この分析にはやや問題があります。なぜなら買い物行動における「効率性」というのは「省力化」とほぼ同義だからです。

消費の流動性尺度を構成する7つの次元の1つに「省力化志向」がありました（109ページ参照）。すると省力化志向の程度を基準の1つとして3つのクラスターを識別しておきながら、それぞれのクラスター間で「省力化」を求める程度に違いがあるかを確認するのはトートロジー（同義反復）的といえます。その一方で、こうした分析にまったく意味がないわけでもありません。「省力化志向」を測定する質問項目よりも、さらに詳細な内容の質問を投げかけることで、リキッド・クラスターの人々が具体的にどのような行動を好んでいるかを知ることができるからです。

（5）分析にはデータ3を用いました。ただしデータ3をそのまま用いるのではなく、より正確な結果を得るために若干の補正をしています。この補正について、簡単に説明します。

たとえば性別と年齢の分析で、リキッド・クラスターには若い人が多い傾向が明らかになりました。するとと回収したデータをそのまま用いた場合、リキッド・クラスターの分析結果には、若者の考えや行動がより強く反映される恐れがあります。もしリキッド・クラスターに「買い物は短時間で終えたい」という傾向があらわれたとしても、それはリキッド・クラスターの特徴ではなく、若者の特徴なのかもしれません。同様に、もしプレカリティ・クラスターのデータに女性が多かったとすれば、プレカリティ・クラスターの分析結果は女性の考えや行動をより強く反映したものになってしまうでしょう。もちろん、それでは困ります。

そこで今回の分析では、こうした回答者の偏りによる影響を排除するために「ウェイトバック」という方法でデータを補正しました。具体的には年齢（10歳区切り）および性別（女性と男性）という点において、３つのクラスターが等しくなるように調整をしました。したがってこの分析の結果は、年齢と性別の影響を取り除いたものとして解釈することができます。

（６）分析にはデータ４を用いました。また買い物効率の分析と同様に、この分析でもウェイトバックを行うことで、性別と年齢の影響を取り除いています。なお実際の調査票では「ＰＢ」ではなく「プライベート・ブランド」という表記をしています。

（７）この節の内容は久保田（2022b）に加筆修正をしたものです。

（８）ここでの分析にはデータ２と消費者パネルの購買データを組み合わせて用います。消費者パネルというのは、調査会社に依頼されて毎回の買い物を報告してくれる人々です。パネルとは英語で「回答者」という意味であり、この人たちはスーパーマーケット、コンビニエンス・ストア、あるいはドラッグストアなどで買い物をするたびに、そのすべてを調査会社に報告してくれます。現在は、製品に記されているＪＡＮコード（バーコード）を専用のスマートフォン・アプリでスキャンして送信することが多いようです。こうすることで、その人がいつ、どこで、何を買ったかが実際に分かります。今回の分析には株式会社インテージの「全国消費者パネル調査（ＳＣＩ）」のデータを用いました。ＳＣＩの対象となっている製品は日用消費財であり、食品、飲料、日用雑貨品、化粧品、医薬品などから構成されています。

本書では、これらの製品カテゴリーを購買することが相対的に多いと考えられる、「家族と同居しており、なおかつ家事の主担当である20歳から69歳の女性」を対象として、２０２０年４月から２０２１年３月までの購買データを分析することにしました。これは、実際にその製品を買うことが少ない人々を対象にしても、購買行動の分析ができないからです。

データ２に含まれる２万９１１５名のうち、前述した「家族と同居しており、なおかつ家事の主担当である20歳から69歳の女性」に該当するのは９６５６名（33・２％）でした。このうちコンベンショナル・クラスターに属する人は２９９７名（９６５６名の31・０％）、プレカリティ・クラスターに属する人は３３６１名（同34・８％）、リキッド・クラスターに属する人は３２９８名（同34・２％）でした。

実際の分析に際しては、コンベンショナル、プレカリティ、リキッドという３つのクラスターそれぞれにおいて、購買シェアが大きい上位20製品カテゴリーを対象としました。複数のクラスターで購買シェア上位20に入った製品カテゴリーがあったため、合計58の製品カテゴリーが分析対象となりました。

（９）本文中にもあるように、購買対象ブランドの広さを測定するために、特定カテゴリーにおける年間購入アイテム数に着目し、「ＳＫＵ種類数／購買個数」を指標としました。ここにおける「ＳＫＵ種類数」とは、１年間にある製品カテゴリーの中でどのくらいの種類のＳＫＵを買っているかです。ＳＫＵ種類数を調べることで、特定カテゴリーにおける年間購入アイテム種類数を知ることができます。ただしこの値は、その製品カテゴリーの購買量から影響を受ける可能性があります。なぜなら、ある製品カテゴリーの購買量が多ければ、実際に購買する製品の種類も多くなると考えられるためです。そこで本書では「SKU種類数」を、当該カテゴリーの年間購買個数である「購買個数」で除することで、カテゴリー購買量の影響を統制することにしました。

(10) 本文にもあるように、「スイッチ回数」とは、1年間に、ある製品カテゴリー内でSKUのスイッチが何回生じたかをカウントしたものですが、これは買い物回数から影響を受ける可能性があります。買い物回数が多ければ、スイッチングの機会も多くなるからです。そこで「スイッチ回数」を「買い物回数」で除することで、買い物回数の影響を統制することにしました。

また本分析では、n回目ないしn＋1回目に複数アイテムを購入したとき、どちらの回にも同じ製品(SKUレベル)が含まれていたならば「スイッチしていない」としてカウントしています。たとえばXという製品カテゴリーの製品に関して、n回目はAおよびBという製品を購入し、n＋1回目はBおよびCという製品を購入した場合、スイッチングしていないと判断するわけです。これは、ある購買における当該製品カテゴリーの製品が前回と完全に異なる場合のみ(マーケット・バスケットの中身が完全に違うときのみ)、スイッチングしたとカウントするということであり、非常に保守的なルールといえます。

(11) この節の内容は久保田(2022b)を加筆修正したものです。

(12) 分析にはデータ2を用いました。

第6章　リキッド・クラスターの価値観を知る——定量データを用いた分析②

リキッド・クラスターが大切に思うこと

前章では、コンベンショナル、プレカリティ、リキッドという3つのクラスターを比較することで、リキッド消費の実際について理解を深めてきました。本章では、消費行動からもう少し視野を広げて、リキッド・クラスターの日常生活における価値観を分析します。本章では5つのテーマについて分析をしていくことにします。

1つ目は**時間とのかかわり方**です。第2章で、リキッド消費が浸透する背後には、合理的で実利志向的な価値観があることを指摘しました。また第5章の分析では、リキッド・クラスターが買い物効率を求めるとともに、PBを好む傾向が強いことが確認されました。こうした傾向を踏まえると、リキッド・クラスターは日常生活でも合理性を重視する価値観を持っているように考えられます。

こうした合理性について検討するために、今回は、日常生活における時間とのかかわり方を調べてみます。時間は誰もが同等に所有する貴重な資源です。リキッド・クラスターが合理的な価値観を持っているとすると、彼・彼女らは時間を合理的に使うことを好みそうです。

２つ目は、**失敗に対する感じ方**です。第３章で述べたように、リキッド消費傾向の強い人たちは、移り気で変化に富んだ消費を好むと考えられます。また実際に第５章の分析において、「いろいろな種類の製品を、毎回変えながら、少しずつ購買する」傾向が強いことがわかりました。しかしその一方で、移り気で変化に富んだ消費には、失敗の危険性も伴います。第３章ではこうした点から、リキッド消費傾向の強い人は消費行動において「失敗したくない」という気持ちが強くなると考えました。

ここでは、こうした失敗回避傾向が日頃の生活全般にもあてはまるかを調べてみます。つまりリキッド・クラスターの人たちが、（消費行動だけでなく）日常生活全般において「失敗を避けたい」と考えているかを分析します。

３つ目は**幸福感**です。人々の幸福感は社会的にも学術的にも注目を集めている概念であり、最近では、心身ともに満たされた状態である「ウェルビーイング」という言葉もよく耳にします。そこで本章ではリキッド・クラスターは、他の人々と比べて自分のことを幸せだと思っているのかを調べてみます。またあわせて、幸せの感じ方についても若干の分析を試みます。

4つ目は**共感傾向**です。第1章で、リキッド消費の背後にはリキッド・モダニティという現象が存在することと、その特徴の1つに「個人化」があることを説明しました。リキッド消費という概念の提唱者バーディーとエカートも、消費という観点から見たときのリキッド・モダニティの重要な特徴として、個人化をあげていました（1）。

こうした点を意識すると、「他者との関係性」という点からもリキッド・クラスターの価値観を分析してみたくなります。リキッド・クラスターに個人化の傾向が顕著であれば、彼・彼女らは他者に対してあまり共感を示さないと思えますが、実際はどうでしょう。

5つ目は**環境配慮行動**です。いうまでもなく、環境への配慮は今日もっとも重視されている社会課題です。第2章では、リキッド消費の特徴の1つとして短命性を指摘しました。またその瞬間を楽しむタイプの消費の例として、現代社会では一着の服は平均7回着用されると捨てられるという記事を紹介しました。こうした特徴を踏まえると、リキッド・クラスターは環境配慮行動に冷ややかなように思えてきます。

しかしその一方で、リキッド消費にはアクセス・ベースや脱物質といった特徴もありました。すると彼らは不要なものを所有せず、環境配慮的な行動を実践しているようにも考えられます。いったい、どちらが正しいのでしょう。そこで環境配慮行動について分析を行い、その実際を明らかにすることにします。

本章の分析にはデータ3とデータ4を使用します。またいずれの課題においてもウェイトバック処理を施し、性別と年齢の影響を取り除いて分析を行います（2）。

時間とのかかわり方

まず1つ目の、時間とのかかわり方について検討します。具体的には、「一般的傾向」と「コンテンツ消費傾向」の二面から分析をします。ここでいうコンテンツ消費とは、動画・映画・ゲームなどの消費のことです。

一般的傾向を知るために、以下の4つの質問をしました。

・一定の時間の中で、できるだけ多くのことを楽しみたい、経験したい
・何かをするとき、「使う時間・かかる時間」と「得られる価値」のバランスを考える

ようにしている
・毎日忙しく、時間に追われている感じがする
・毎日の時間の使い方に満足している
コンテンツ消費傾向については、つぎの3つの質問をしました。
・動画（映画やYouTubeなど）は部分的に視聴したり倍速で観たりすることが多い
・書籍、映画、ゲームなどは、事前に要約やネタバレを確認してから実際に自分で体験するようにしている
・書籍、映画、ゲームなどは、事前にあらすじやクチコミを確認してから実際に自分で体験するようにしている
図6－1は、これらの質問について、「あてはまる～あてはまらない」の5段階でたずねた結果を分析したものです。「あてはまる」を5点、「あてはまらない」を1点としてクラスターごとに平均値を求めました。点数が大きいほど、その質問にあてはまる傾向が強いことになります。

7つの質問項目においてリキッド・クラスターとコンベンショナル・クラスター、およびリキッド・クラスターとプレカリティ・クラスターの平均値に差があるかを調べた

図6-1　時間とのかかわり方

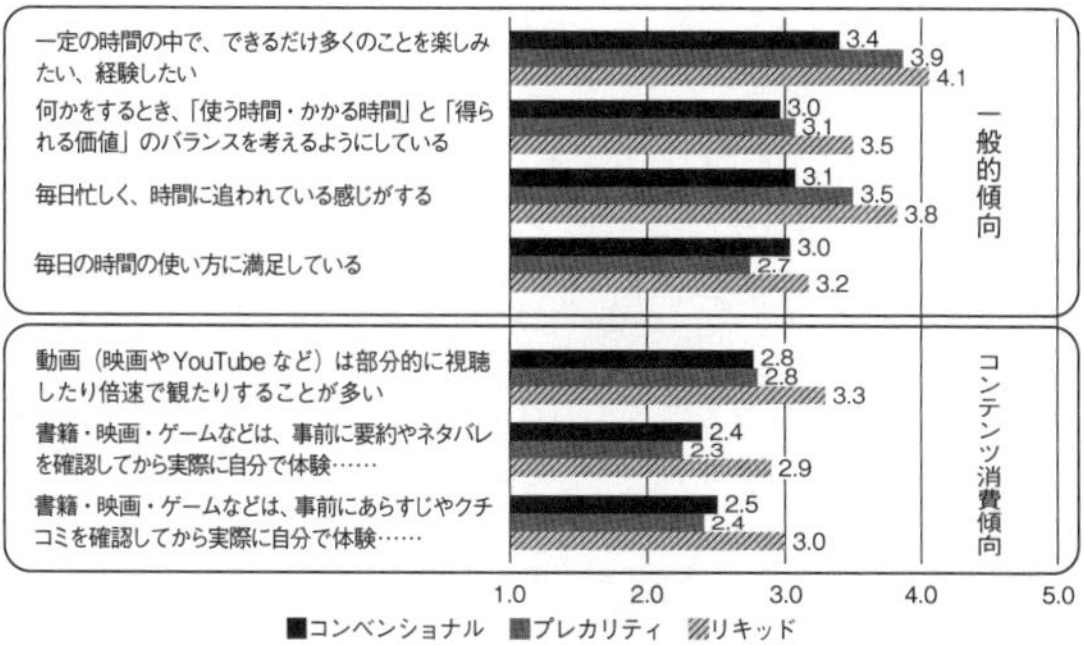

ところ、いずれにおいても統計的な有意差が確認できました（すべて $p < .01$）。

一般的傾向から見ていきましょう。短命性や省力化志向といった特徴を持つリキッド・クラスターは、コンベンショナル・クラスターやプレカリティ・クラスターの人たちと比べて、密度の濃い時間の使い方をしているような気がしますが、実際はどうでしょう。

図6-1をみると、リキッド・クラスターは他の人たちと比べて「一定の時間の中で、できるだけ多くのことを楽しみたい、経験したい」という傾向が強いことがわかります。また「何かをするとき、『使う時間・かかる時間』と『得られる価値』のバランスを考えるようにしている」傾向も強いことがわかります。これらは、おそらく想像通りの結果だと思います。

同時に「毎日忙しく、時間に追われている感じがする」傾向も強いようです。やはり、限られた時間の中で多くのことを行おうとすれば、時間に追われていると感じやすくなるのでしょう。

ところが「毎日の時間の使い方に満足している」という項目を見ると、リキッド・クラスターの平均値は、3つのクラスターの中でもっとも高くなっています（しかも既述のように、この違いは誤差でないことが統計的に示されています）。**時間に追われているのに時間の使い方に満足している**、というのは矛盾しているように思えますが、なぜこうした結果になったのでしょう。

もちろん本当の理由は、さらに詳しく調査をしてみないとわかりません。しかし私は、彼・彼女らが時間の使い方に対して積極的、能動的にかかわっているためではないか、と感じました。「毎日忙しく、時間に追われている感じがする」としても、それは誰かに押しつけられたことではなく、「一定の時間の中で、できるだけ多くのことを楽しみたい、経験したい」と考え、自ら好んで行動した結果です。また「使う時間」と「得られる価値」のバランスを考えて行った結果でもあります。このため、結果的に忙しくなり時間に追われたとしても、それに対して満足しているのではないか、という解釈です。

つづいて、コンテンツ消費傾向について見てみます。図6－1に示されたように、リキッド・クラスターは動画（映画やYouTubeなど）を部分的に視聴したり、倍速で観たりすることが多いようです。また書籍、映画、ゲームなどは、事前にその内容を十分に確認してから楽しむ傾向が強いことがわかります。いわゆる「ネタバレ」といわれる、筋書きや結論を明らかにした情報に、事前に積極的に接しているようです。これらの結果は、本書が論じてきた内容ととてもフィットしています。

まず倍速視聴傾向が顕著であるのは、第3章で述べた「気まぐれな消費」（移り気で変化に富んだ消費）の現れと考えられます。限られた時間でより多くのコンテンツに接しようとするならば、一部分だけを鑑賞するか、速度をはやめて鑑賞するしか方法はありません。「つまみ食い」をするか、「倍速視聴」をするかです。

つぎに筋書きや結論を事前に知ろうとする傾向ですが、やはり第3章で述べた「手軽さ」と関連していると考えられます。その理由は以下のとおりです。

第3章では、「気まぐれな消費」の実現には「手軽さ」が大切になること、そして消費における手軽さには、より簡単に選べる、より簡単に買える、より簡単に使えるという3つがあることを説明しました。これらのうちコンテンツ消費では、数多くのコンテンツの中からそのときの気分にあったものを簡単に「選べる」ことが、特に大切となります。なぜならコンテンツは消費者の好みの分散が大きい製品カテゴリーであり、それゆえ市場に出回っているコンテンツの種類が非常に多いからです。

そして、数多くのコンテンツの中からそのときの気分にあったものを簡単に見つけ出すためには、コンテンツが比較しやすいことに加えて、選択への安心感が得られることが重要になります。つまり「これなら間違いないだろう」という気持ちが簡単に得られることが大切となります。「ネタバレ」情報を調べて、筋書きや結論を事前に確認しておくのは、「失敗しない」ために極めて有効な方法でしょう。

事前に結論を知ってしまっては面白みが減る、と思われる方も多いと思います。しかし、リキッド・クラスターにとって時間はとても大切であり、それゆえ「せっかく貴重な時間を費やすのであれば、失敗しないことが何より重要だ」と考えるのではないでしょうか。このように解釈すると、リキッド・クラスターが筋書きや結論を明らかにした情報に事前に積極的に接しようとするのは、きわめて理にかなった行動だと考えられます。

失敗に対する感じ方

続いて、失敗に対する感じ方について分析します。前節における分析でも、リキッド・クラスターはコンテンツ消費において「失敗したくない」という気持ちが強いことが推察できました。それではもう少し視野を広げて、「日常生活全般における失敗」に対する感じ方はどうでしょう。あたりまえですが、失敗をするのは誰でも嫌なものです。そうした傾向がクラスター間で差があるのかを調べてみます。

失敗に対する感じ方を知るために、質問項目を3つ用意しました（3）。最初の2つが失敗を恐れる傾向についての質問であり、あと1つは知覚された不安要因数（不安の源がたくさんあるか）についての質問です。

・何か重要なことをあまりうまくできなかったと考えると不安になる
・間違いを犯すことを心配している
・友達と比べると不安の種はとても少ない

図6－2は3つの質問について、「あてはまる～あてはまらない」の5段階でたずねた結果を分析したものです。前節と同様に、「あてはまる」を5点、「あてはまらない」

図6-2　失敗に対する感じ方

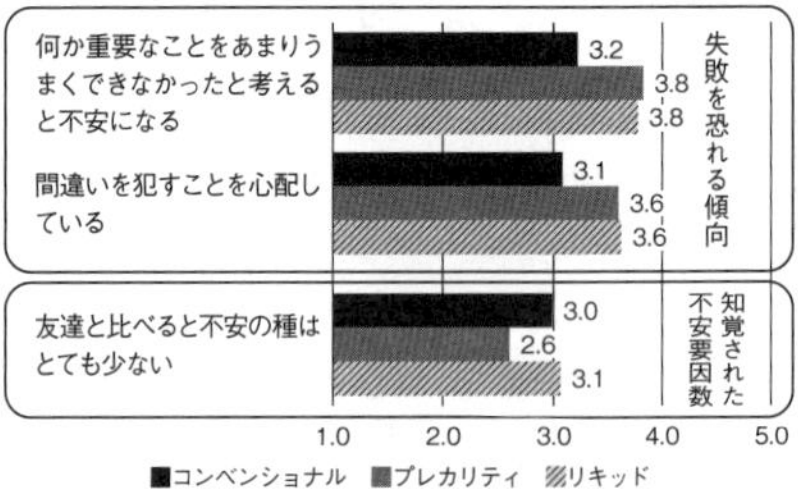

を1点としてクラスターごとに平均値を求めました。

グラフを見ると明らかなように、「何か重要なことをあまりうまくできなかったと考えると不安になる」「間違いを犯すことを心配している」の2項目では、リキッド・クラスターとプレカリティ・クラスターの平均値にほとんど差が見られませんでした。そのほかの部分においては、リキッド・クラスターとコンベンショナル・クラスター、あるいはリキッド・クラスターとプレカリティ・クラスターの間に平均値の差が確認できました（いずれも$p<.01$）。

まず失敗を恐れる傾向についてみてみましょう。「何か重要なことをあまりうまくできなかったと考えると不安になる」という項目でも、「間違いを犯すことを心配している」という項目でも、リキッド・クラスターはコンベンショナル・クラスターよりも、失敗を恐れる傾向が強いことが示されています。またこの傾向はプレカリティ・クラスターも同じでした。

じつは私は、この結果に意外な印象を抱きました。なぜなら、リキッド・クラスターが色々な製品にチャレンジしてみる背景には、失敗を恐れない気持ちがあるからだろうと考えていたからです。しかし分析結果は異なりました。なぜでしょう。

今回の分析だけで、その理由を正確に推察することは困難ですが、考えられることを整理してみたいと思います。まず、コンベンショナル・クラスターは伝統的な消費生活を好む傾向にあり、日ごろから失敗の可能性がある場面に直面することが少ないと思われます。すると失敗することを意識する機会が少ないので、失敗を恐れるという気持ちも生じにくい可能性があります。

反対にリキッド・クラスターは気まぐれな消費を好みますから、物事の選択において失敗の可能性がある場面に直面することも多くなりそうです。そして、こうした消費生活（あるいは日常生活）の経験が、失敗に対する彼・彼女らの考え方に影響を及ぼしたと推察できます。

つづいて知覚された不安要因数についても確認してみます。「友達と比べると不安の種はとても少ない」という項目を見ると、リキッド・クラスターはコンベンショナル・クラスターと同じく、不安の要因が少ないようです。この結果を見る限り、リキッド・クラスターは不安や悩みを抱えやすい性格というわけでもなさそうです。すると「不安になりやすい性格ではないのだが、不安になるような場面に遭遇することが相対的に多いので、失敗を恐れる傾向が強くなる」という考えを導けそうです。

幸福感

ここまでの分析で、リキッド・クラスターには「毎日忙しくて時間に追われているのだが、自分の時間の使い方には満足している」という感覚や、「不安の種を抱えているわけではないのだが、間違いや失敗を恐れている」という気持ちがあることがわかりました。

こうした結果をみていると、そもそもリキッド・クラスターは幸せなのかという疑問がわいてきます。そこで幸福感について調べてみました。

質問項目は、以下の4つです。

・全般的にみて、私は自分のことを幸福だと思っている
・自分は同年代の人と比べて、幸福であると考えている
・多くの努力を費やさなくても、結果が同じであれば、得られる満足度や幸福度は変

わらない
・SNSやインターネットのなかに自分の癒しや幸せを感じられることがある

1つ目と2つ目の項目は「主観的幸福感」についての質問です。主観的幸福感とは、自分自身の幸福についての主観的な評価のことです。これは、幸福感は基本的には主観的な過程であるので、仕事や所得などの客観的な条件から推定するのではなく、むしろその人の心理的な側面に着目すべきであるという考えに基づいています（4）。

3つ目の項目は、満足や幸せを感じたりするのに、そこに至る過程（プロセス）が重要だと思うかをたずねた質問です。この質問の回答傾向を見ることで、結果志向の程度や、幸せに至るプロセスに重要性を感じていない傾向がわかるはずです。

4つ目の項目は、幸福感に対するデジタル・コミュニケーションの影響です。デジタル・コミュニケーションを通じて癒されたり、幸せを感じたりすることがあるかたずねました。

分析結果を見ていきましょう（図6－3）。まず主観的幸福感をたずねた2つの質問では、リキッド・クラスターとコンベンショナル・クラスターの平均値にほとんど差が

図6-3　幸福感

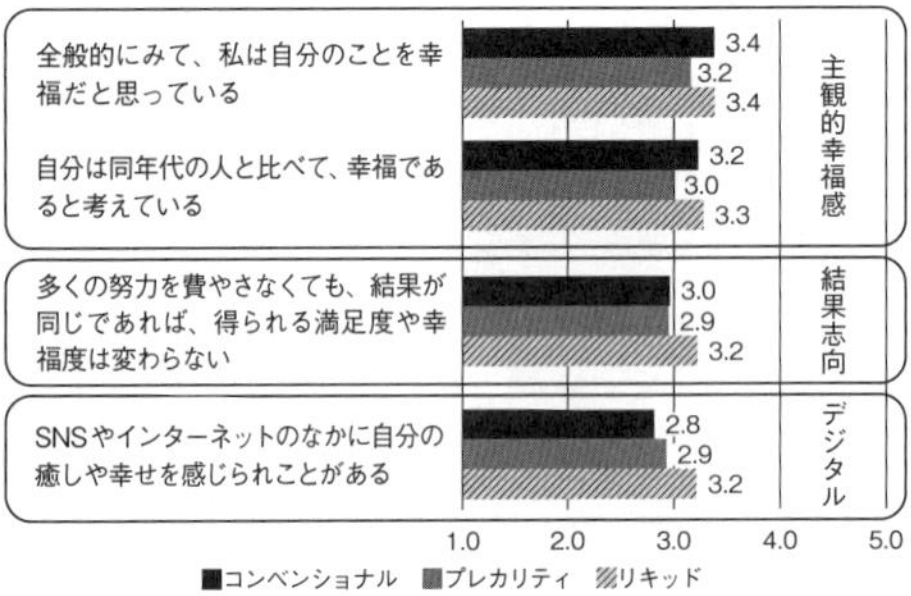

見られず、統計的にも有意差が確認されませんでした（いずれも$p > .05$）。しかしリキッド・クラスターおよびコンベンショナル・クラスターの平均値と、プレカリティ・クラスターの平均値の間には有意差が確認されました（いずれも$p < .01$）。

　結果志向をたずねた質問では、コンベンショナル・クラスターとプレカリティ・クラスターの平均値にほとんど差が見られず、統計的にも有意差が確認されませんでした（$p > .05$）。その一方で、リキッド・クラスターの平均値と、コンベンショナル・クラスターおよびプレカリティ・クラスターの平均値の間には有意差が確認されました（$p < .01$）。

　デジタル・コミュニケーションの影響についてたずねた質問では、3つのクラスターの平均値の間に、すべて有意差が確認されました（すべて$p < .01$）。

はじめに主観的幸福感について検討してみます。図6－3をみると、リキッド・クラスターおよびコンベンショナル・クラスターは、プレカリティ・クラスターよりも主観的幸福感が高いようです。2つの質問項目のいずれにおいても、リキッド・クラスターおよびコンベンショナル・クラスターはプレカリティ・クラスターよりも高い値を示しています。

この結果を、「リキッド・クラスターやコンベンショナル・クラスターは自分のことを幸福だと感じている」と解釈するか、「プレカリティ・クラスターは自分のことを幸福だと感じていない」と解釈するかは、判断が分かれる点でしょう。

ただし今回の調査は5段階で行われており、「どちらともいえない」が3であることを踏まえたうえで、プレカリティ・クラスターの平均点が3を下回っているわけではないことに着目すると、（どちらかといえば）前者の解釈が妥当なように思われます。

つぎに結果志向の程度について見てみます。第3章および第4章において、リキッド消費の特徴として、同じ結果ならばできるだけ手間を省きたいと考えることを指摘しました。またその背後には「結果さえ良ければプロセスは問わない」という価値観があると述べました。

こうした考察を裏づけるように、「多くの努力を費やさなくても、結果が同じであれば、得られる満足度や幸福度は変わらない」という質問項目では、リキッド・クラスターの平均値がコンベンショナル・クラスターやプレカリティ・クラスターの平均値よりも高くなっています。リキッド・クラスターは、苦労や努力はできるだけ避けて、効率よく幸せを手に入れたいと考えているのでしょう。

デジタル・コミュニケーションの影響に目を向けてみます。「SNSやインターネットのなかに自分の癒しや幸せを感じられることがある」という質問項目に対するリキッド・クラスターの回答の平均値は、コンベンショナル・クラスターやプレカリティ・クラスターの平均値よりも高いことがわかりました。リキッド・クラスターはデジタル・コミュニケーションを通じて、癒されたり、幸せを感じたりすることがあると考えている傾向が、他の人たちと比べて強いようです。

第5章の「買い物効率」についての分析を思い出してみましょう。リキッド・クラスターには、実店舗での買い物は一か所で済ませたいという傾向が見られる一方で、オンラインの買い物ではそうした傾向が見られませんでした。つまり実店舗で買い物をするときは、いくつもお店を歩き回りたくないと思っていますが、ネット・ショッピングであれば、複数のサイトを訪れても良いと考えていることが示されました。

こうした買い物の傾向と、幸福感に対するデジタル・コミュニケーションの影響を組み合わせて考えると、リキッド・クラスターは消費行動だけでなく、日常生活全般において、デジタル環境（あるいはデジタル・ツール）に依存している傾向が読み取れます。繰り返しになりますが、「買い物効率」の分析結果も本節における分析結果も年齢と性別の影響を取り除いたものですから、リキッド・クラスターは年齢や性別を問わず、デジタル環境やデジタル・ツールとの親和性が高い生活をしているようです。

共感傾向

幸福感に続き、共感傾向についても分析を行ってみます。幸福感がある個人の状態についての心理であるのに対して、共感は他者との関係についての心理という点で異なります。個人化が進展しているリキッド・クラスターですが、他者への共感傾向に特徴はみられるでしょうか。

今回の調査では共感傾向について、「一般的な共感傾向」「対面コミュニケーションにおける共感傾向」「デジタル・コミュニケーションにおける共感傾向」という3つの角度から分析をしました。それぞれについての質問項目は、次のとおりです（5）。

一般的な共感傾向
・悲しんでいる人を見ると、なぐさめてあげたくなる
・自分と違う考え方の人と話しているとき、その人がどうしてそのように考えているのかをわかろうとする
・面白い物語や小説を読んだ際には、話の中の出来事がもしも自分に起きたらと想像する

対面コミュニケーションにおける共感傾向
・リアルなコミュニケーションにおいて、家族や親族から得た情報に共感する
・リアルなコミュニケーションにおいて、友人や知人から得た情報に共感する

デジタル・コミュニケーションにおける共感傾向
・SNSやインターネットを通じて、家族や親族が発信している情報に共感する
・SNSやインターネットを通じて、友人や知人が発信している情報に共感する
・SNSやインターネットを通じて、自分の知らない人が発信している情報に共感する

・SNSやインターネットを通じて、YouTuberやTikTokerなどのインフルエンサーの発信に共感する
・SNSやインターネットを通じて、TVにでてくる芸能人や有名人の発信に共感する

分析結果は図6－4に示した通りです。「デジタル・コミュニケーションにおける共感傾向」のうち、2つ目（友人や知人が発信している情報への共感）、3つ目（自分の知らない人が発信している情報への共感）、5つ目（TVにでてくる芸能人や有名人の発信への共感）の質問項目では、コンベンショナル・クラスターとプレカリティ・クラスターの平均値にほとんど差が見られず、統計的にも有意差が確認されませんでした（$p > .05$）。それ以外は、すべての質問項目において、3つのクラスターの平均値の間に差が確認されました（いずれも $p < .01$）。

以下ではまず、一般的な共感傾向の違いについてクラスター間で比較をしてみます。そしてつぎに、対面コミュニケーションとデジタル・コミュニケーションにおける共感傾向について検討してみます。

一般的な共感傾向を測定した3つの質問項目を見ると、いずれもリキッド、プレカリ

図 6-4　共感傾向

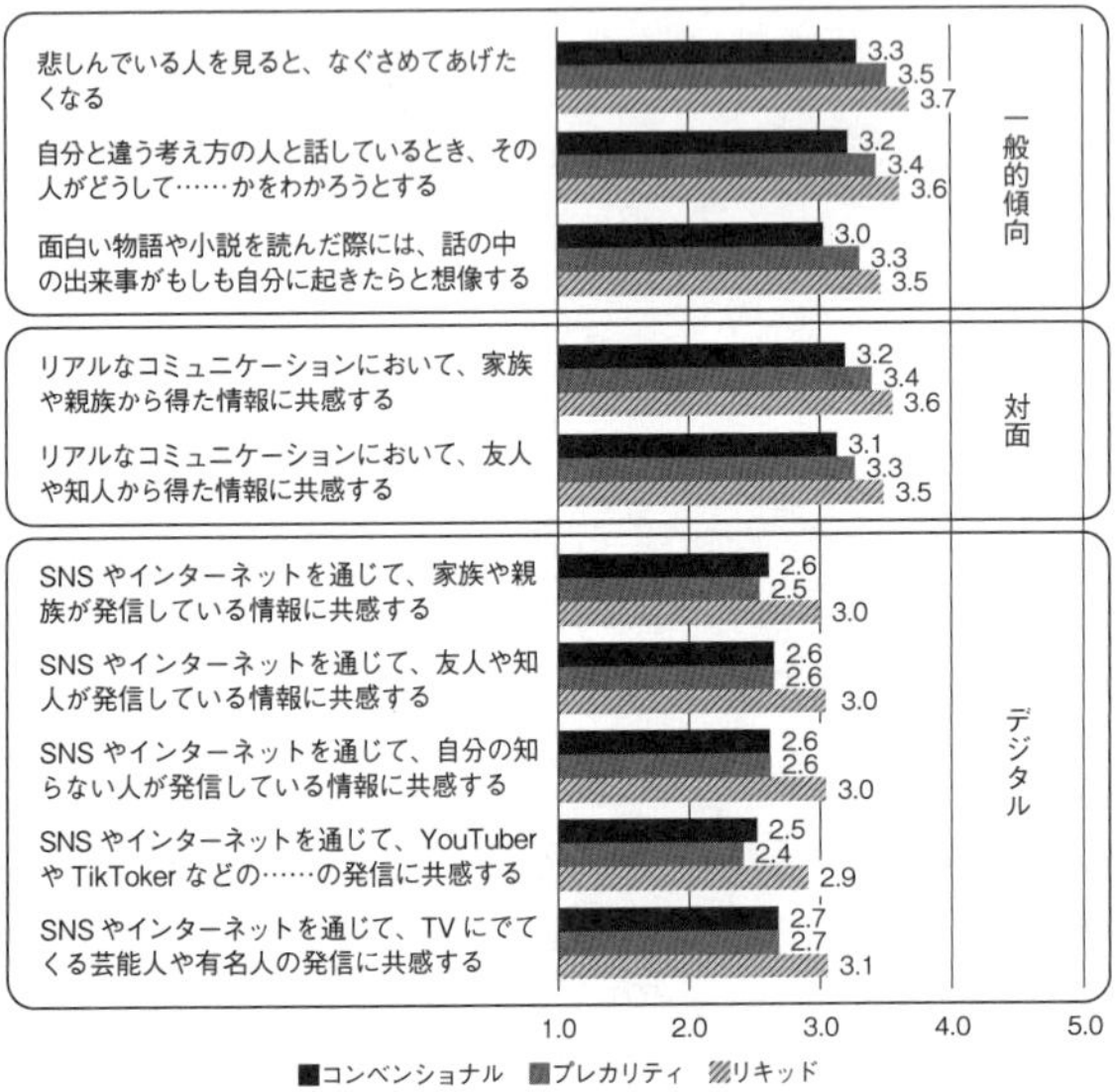

ティ、コンベンショナルの順で高い値が示されました。この結果を見る限り、リキッド・クラスターは他の人々と比べて共感傾向が高いと考えられます。いいかえれば、プレカリティ・クラスターやコンベンショナル・クラスターと比べて、他者に関心があり、他者の気持ちを理解しようとする傾向が強いように思えます。

　つづいて、対面コミュニケーションとデジタル・コミュニケーションにおける共感について見てみます。

　図6-4に示されたように、リ

表6-1　リキッド・クラスターとコンベンショナル＆プレカリティ・クラスターの差

質問項目	CC&PC 平均値	LC平均値	平均値の差
悲しんでいる人を見ると、なぐさめてあげたくなる	3.40	3.69	0.29
自分と違う考え方の人と話しているとき、その人がどうしてそのように考えているのかをわかろうとする	3.33	3.61	0.29
面白い物語や小説を読んだ際には、話の中の出来事がもしも自分に起きたらと想像する	3.17	3.47	0.30
リアルなコミュニケーションにおいて、家族や親族から得た情報に共感する	3.30	3.56	0.26
リアルなコミュニケーションにおいて、友人や知人から得た情報に共感する	3.20	3.49	0.29
SNSやインターネットを通じて、家族や親族が発信している情報に共感する	2.58	3.00	**0.42**
SNSやインターネットを通じて、友人や知人が発信している情報に共感する	2.65	3.04	**0.40**
SNSやインターネットを通じて、自分の知らない人が発信している情報に共感する	2.62	3.04	**0.42**
SNSやインターネットを通じて、YouTuberやTikTokerなどのインフルエンサーの発信に共感する	2.47	2.91	**0.44**
SNSやインターネットを通じて、TVにでてくる芸能人や有名人の発信に共感する	2.68	3.06	**0.37**

（CCはコンベンショナル・クラスター、PCはプレカリティ・クラスター、LCはリキッド・クラスター）

キッド・クラスターは、やはりコンベンショナル・クラスターやプレカリティ・クラスターよりも共感傾向が高いようです。しかしもう少し慎重にグラフを見ると、対面コミュニケーションにおける共感よりもデジタル・コミュニケーションにおける共感において、この傾向が目立っています。

そこでリキッド・クラスターの平均値を、コンベンショナル・クラスターおよびプレカリティ・クラスターの平均値と比較してみると、表6－1のようになりました。対面コミュニケーションとデジタル・コミュニケーションを比べた場合、リキッド・クラスターとコンベンショナルおよびプレカリティ・クラスターとの差は、明らかに後者において大きくなっています（太字部分）。リキッド・クラスターは、それ以外の人たちと比べて、デジタル・コミュニケーションにおいて他者に共感を抱く傾向がみられます。この結果から、リキッド・クラスターの人々の特徴の1つとして、デジタル空間を通じて人々と気持ちを分かち合う傾向が強いという解釈が導けそうです。

環境配慮行動への取り組み

最後に、環境への関心について分析してみます。リキッド・クラスターは環境配慮行動に取り組んでいるのでしょうか。今回の分析では49の環境配慮行動について、それらを実際に行っているかを尋ねました。具体的な調査項目は、注6に示した通りです。

49の環境配慮行動の中には、多くの人が「行っている」と回答した項目もあれば、「行っている」と回答した人がほとんどいなかった項目もありました。たとえば「歯を磨いている間は水をとめる」「誰もいない部屋の照明は消しておく」「レジ袋は使わない」といった項目には、多くの人が「行っている」と回答しました。他方、「紛争鉱物を使っているものを選ばない」「動物の福祉に配慮して生産された肉などを買う」「NGO・NPOへの寄付ができる商品を選ぶ」といった項目は、「行っている」と回答した人がほとんどいませんでした。全体を平均すると、1人あたり5.6の項目に「はい」と回答していました。

図6-5　環境配慮行動の実践数

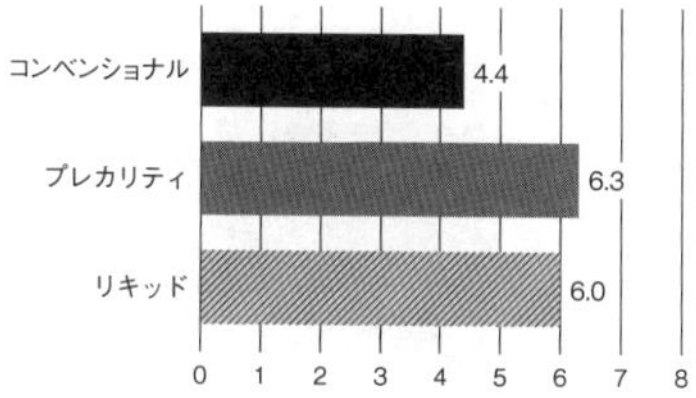

図6-5は、それぞれのクラスターごとに、「行っている」と答えた数を集計し、平均値を計算したものです。分析では、プレカリティ、リキッド、コンベンショナル・クラスターの順で環境配慮行動を実践していることが示されました。

図6-6は、回答者全体の10%以上の人が「行っている」と答えた環境配慮行動について、パーセンテージが高いものから順にならべたものです。49の環境配慮行動のうち、10%以上の人が「行っている」ものは18ありました。グラフを見ると、ほとんどの行動において、プレカリティ、リキッド、コンベンショナル・クラスターの順で、実践されている傾向がわかります。

図6-5および図6-6に示された分析結果からは、リキッド

図6-6　具体的な環境配慮行動

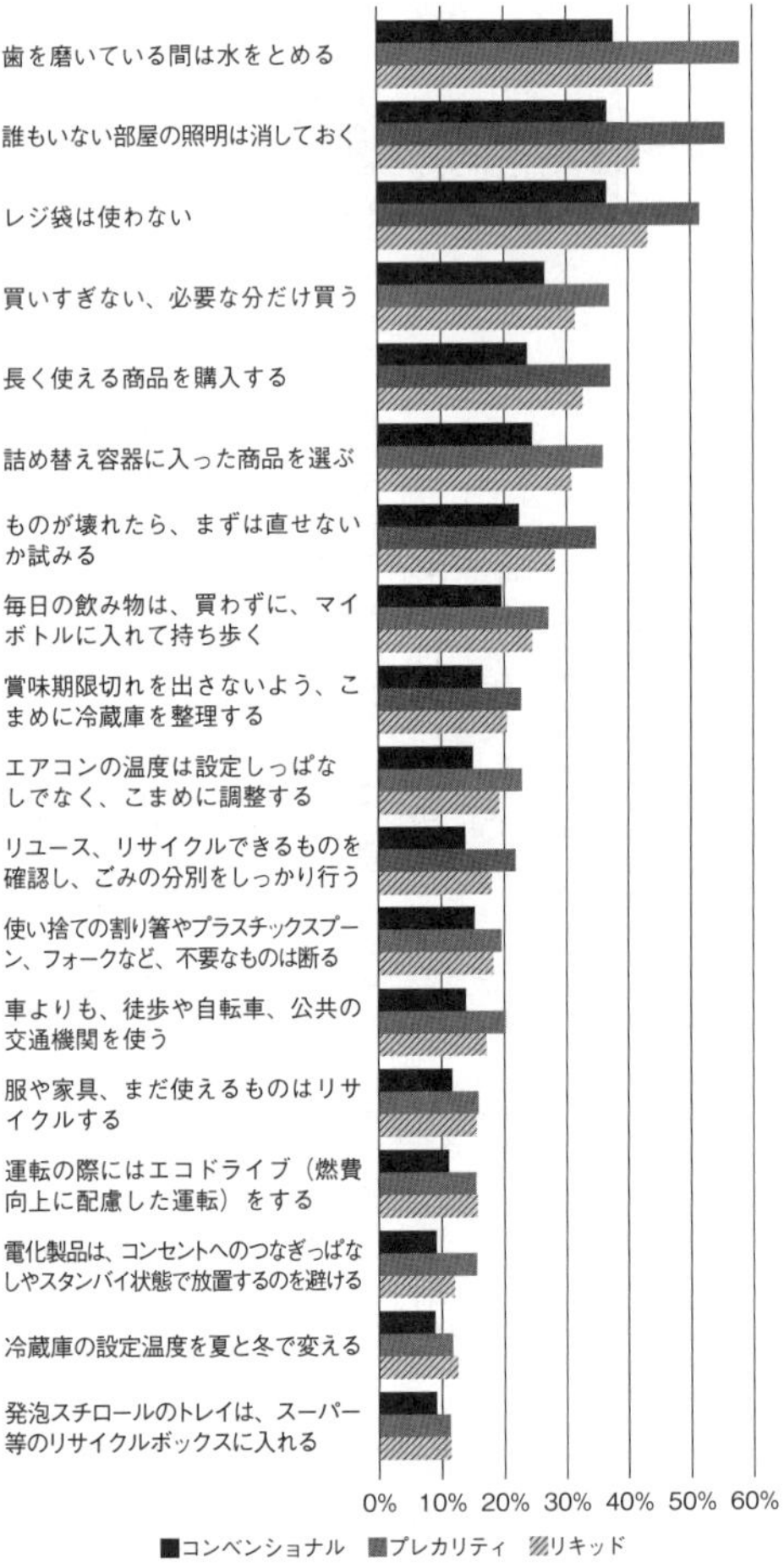

（全体の10％以上の人が行っているもの）

とプレカリティの2つのクラスターは、コンベンショナル・クラスターと比べて環境にやさしい行動をしていることが読み取れます。

かつて人々は現在ほど環境に気を配っていませんでした。したがって環境配慮行動と

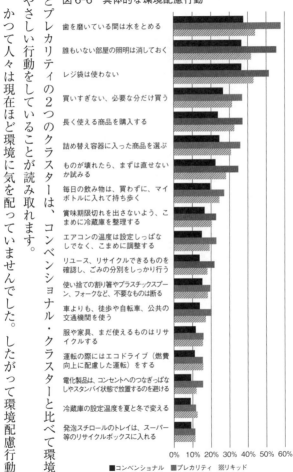

いうのは、比較的新しい社会の動きだといえます。第5章で述べたように、リキッド・クラスターとプレカリティ・クラスターは、いずれも社会全体の変化を感じている人々ですから、環境にやさしい行動が必要となってきたことに敏感なのかもしれません。他方、従来型の消費行動を守り、伝統的な価値観や生活行動を好むコンベンショナル・クラスターは、地球環境という比較的新しい問題についても、まだ積極的に対応しようとする傾向が低いのかもしれません。もちろんこれは単なる推測ですから、その本当の理由を探るには、さらに研究が必要です。

（1）Bardhi and Eckhardt, 2017

（2）本文中にもあるように、分析にはデータ3とデータ4を用います。時間とのかかわり方、失敗に対する感じ方、幸福感、共感傾向の分析にはデータ3を用います。環境配慮行動の分析にはデータ4を用います。それぞれのデータについては第5章の表5－1および注3をご覧ください。またウェイトバック処理については、第5章の注5をご覧ください。

（3）これら3項目は高橋ら（2007）を参考に作成しました。

（4）主観的幸福感の測定尺度はいくつかありますが、本書では島井・大竹・宇津木・池見・

Lyubomirsky（2004）の尺度から2項目を用いることにしました。

（5）一般的な共感傾向の測定尺度は鈴木・木野（2008）の尺度から3項目を用いました。その他の測定尺度は独自に作成しました。

（6）今回の調査で対象とした環境配慮行動は、以下の49項目です。①エコマークがついた商品を選ぶ。②化学物質の入っていない、水を汚さない成分の洗剤を選ぶ。③社会的格差の解消を助けるフェアトレード商品を選ぶ。④食品添加物や合成保存料を使用していない食品を選ぶ。⑤食材は地元産のものを消費する。⑥リサイクル素材を使って作られた商品を選ぶ。⑦有機・低農薬野菜を選ぶ。⑧肌、髪のケア用品、化粧品はオーガニック製品を選ぶ。⑨1週間の食事の献立を考えて、買い物リストを作り、衝動買いを避ける。⑩使い捨ての割り箸やプラスチックスプーン、フォークなど、不要なものは断る。⑪車よりも、徒歩や自転車、公共の交通機関を使う。⑫電池は充電式のものを使う。⑬レジ袋は使わない。⑭毎日の飲み物は、買わずに、マイボトルに入れて持ち歩く。⑮誰もいない部屋の照明は消しておく。⑯電化製品は、コンセントへのつなぎっぱなしやスタンバイ状態で放置するのを避ける。⑰エアコンの温度は設定しっぱなしでなく、こまめに調整する。⑱冷蔵庫の設定温度を夏と冬で変える。⑲歯を磨いている間は水をとめる。⑳服や家具、まだ使えるものはリサイクルする。㉑保存食を作って、加工品を減らす。㉒ホテルの使い捨てアメニティは使用しない。㉓会計時に先に声がけして、過剰包装を断る。㉔リユース、リサイクルできるものを確認し、ごみの分別をしっかり行う。㉕ものが壊れたら、まずは直せないか試みる。㉖生ごみや落ち葉、雑草などを処理して堆肥化する「コンポスト」をしている。㉗発泡スチロールのトレイは、スーパー等のリサイクルボックスに入れる。㉘MSC（海のエコラベル）やASCロゴのある魚（サステナブル・シーフード）を選ぶ。㉙旅の宿泊には、環境に配慮したエコホテルやビオホテルを選ぶ。㉚シャンプー、石鹸は天然素材で化学物質の入っていないものを選ぶ。㉛量り売りなどパッケージの少ない商品を選ぶ。㉜歯ブラシはヘッドが交換できるもの、もしくはバンブー素材にする。㉝お弁当を買うときは、プラスチックではなく紙のパックに入っているものを選ぶ。㉞紛争鉱物を使っているものを選ばない。㉟動物実験していないプロダクトを選ぶ。㊱NGO（非政府組織）・NPO（非営利団体）への寄付ができる商品を選ぶ。㊲SDGs（持続可能な開発目標）に取り組んでいる企業の商品・サービスを選ぶ。㊳動物の福祉に配慮して生産された肉などを買う。㊴時間があるときは山や海、自然と触れ合える場所に出かける。㊵肉食を減らす。㊶フリースはマイクロファイバー汚染を防ぐ専用のネットに入れて洗濯する。㊷賞味期限切れを出さないよう、こまめに冷蔵庫を整理する。㊸運転の際にはエコドライブ（燃費向上に配慮した運転）をする。㊹ボランティアに参加する／ボランティアの企画団体に寄付をする。㊺詰め替え容器に入った商品を選ぶ。㊻買いすぎない、必要な分だけ買う。㊼長く使える商品を購入する。㊽なるべく再生可能エネルギーを利用する。㊾メルカリやリサイクルショップから積極的に選んで購入する。

第7章　若者たちのリキッド消費——定性データを用いた分析

　第5章と第6章では、リキッド・クラスターの消費行動や価値観について定量的な調査にもとづき分析をしてきました。本章では少しスタンスを変えて、定性的な調査にもとづく分析をしてみます（1）。

　本章の目的は、リキッド消費傾向が強い人々の生活をより具体的に知ることです。とくに大学生を中心とした若者に焦点を絞り、リキッド消費傾向が強い若者たちがどのような消費行動をしているのかを、できるだけ具体的に記述していきます。具体的な行動を知ることで、リキッド消費の実態をさらに鮮明にイメージできるでしょう。またそこに示されるエピソードを解釈することで、なぜ彼・彼女らが流動的な消費行動をするのか、その理由や背景を探ることもできるはずです。

　本章では3つの異なる調査で得られたデータをもとに分析をしていきます。いずれの分析も、事前のアンケート調査やマーケティング調査の専門家の観察によって、リキッド消費傾向が強いと判断された若者たちのデータをもとにしています（2）。

ピュアリキッドとセミリキッド

まず明らかになったのは、ひとくちに「リキッド消費傾向が強い若者」といっても、そのなかにいろいろなタイプが存在することです。前述したように、本章で対象としているのは、アンケート調査や専門家の観察によってリキッド消費傾向が強いと判断された若者たちです。ところが彼・彼女らの消費生活を注意深く調べてみると、消費の流動化傾向が極めて高い人もいれば、ある程度に留まる人もいました。また生活のあらゆる場面で、消費の流動化が見られる人もいれば、限られた場面でだけ見られる人もいました。つまりリキッド消費傾向が強い若者たちであっても、その程度や態様はさまざまでした。

たとえばある大学生の女性は、つぎつぎと新しいものが欲しくなり（短命性）、バッグや香水はバラエティを楽しみたいので、購買よりサブスクリプション・サービスに魅力を感じていました（アクセス・ベース）。そして海外旅行や大好きなアーティストのライブなど、物質ではなく非日常性や特別感のある経験にお金を使いたいという考えを強く持っていました（脱物質）。さらに、買い物には時間をかけたくないという気持ちも顕著でした（省力化）。

一方で、別の大学生の女性に話を聞いたところ、新しいものがどんどん欲しくなる点は同じでしたが（短命性傾向は強い）、買い物で悩む時間を減らしたい気持ちはありながら、実際には良いものを選ぶためにしっかり吟味をしていました（省力化傾向は弱い）。また、旅行や友人との交流には物よりも大きな楽しみがあると思う反面で（脱物質傾向は強い）、自分は所有欲が強く、物を自分の手元に置いておくことで満足感が得られるタイプなので、サブスクリプションやレンタルを利用するのでなく、購入して所有したい気持ちが強いと答えていました（アクセス・ベース傾向は弱い）。

これらの発言から、「リキッド消費とはこういうものだ」と決めつけてしまうと、見落としてしまうことが多々あることがわかります。ひとりひとりの生活を「小さく」見わたし、それぞれの場面を鮮明に理解していくことが、リキッド消費という概念をとおして時代の変化や現代人の生活を読み解くのに役立ちそうです。

第3章で「リキッド消費のなかにも『ピュアリキッド』といえるようなタイプもあれ

ば、『セミリキッド』といったタイプもあるでしょう」（64ページ）と述べましたが、実際の分析でも、こうした傾向が観察されました。ピュアリキッドとは「短命性」「アクセス・ベース消費」「脱物質」「省力化」の４つの特徴がいずれも高い傾向の人たちのことであり、セミリキッドとは、４つの特徴の一部においてだけ高い傾向を見せる人たちのことです。

今回の調査に協力してくれた若者のなかに、あらゆる方面でリキッド消費傾向を見せた、Ｃさんという大学生の男性がいました。以下では、ピュアリキッドの典型ともいえるＣさんの事例を中心に、リキッド消費傾向の強い若者の具体的な行動を４つの特徴に対応させながら考察していきましょう。

流れてくると欲しくなる

最初に「短命性」について分析します。「次々に欲しくなる」気持ちはどうやって生まれるのでしょうか。Ｃさんは服が大好きで、「１ヶ月に１回くらいは衝動的に欲しくなる」といいます。若い大学生が服好きなのは別に珍しいことではありませんが、興味深いのは彼が服を欲しくなるプロセスです。

多くの現代の若者と同じく、Cさんは片時もスマートフォンを手放しません。いつも目にしているのはInstagram、TikTok、YouTubeといったSNSです。彼が服を欲しくなるきっかけは、こうしたSNSのなかで、服に関する情報が「流れてくる」からだそうです。

ここでいう**「流れてくる」**とは、自分で能動的に調べたり探したりしているわけではないのに、関心が高い情報が画面に表示されることを意味しています。SNSではレコメンド機能（推奨機能）により、画面を眺めているだけで次々と情報に触れることになりますが、それによって「こんな服もあるんだ」「こんなのが流行っているんだ」という知識が深まるとともに、洋服に対する興味関心がどんどん高まっていくようです。

「流れてくる」という現象は、Cさんに限らず、現代の若者の情報接触行動を理解するためのポイントの1つです。今回の定性調査でも多くの若者たちにおいて、自ら探し出した情報でなく、与えられた情報によって購買意欲が形成されていくようすが見られました。

さらにCさんのスマートフォンには、フォローしているお気に入りのブランドのアカウントだけでなく、それ以外のアカウントからも好みの服の情報が次々と流れてきます。

たとえばラッパーのパフォーマンス動画をみていて、好みの服に出会うといった具合です。わざわざ服を探そうとしなくても、流れてくるものを気分よく眺めているだけで新しい服との出会いがあり、「欲しい」という気持ちが生まれてきます。

Ｃさんをはじめ、リキッド消費傾向の強い若者を観察していると、①絶え間なく情報が与えられ続けることで、その分野に対する興味関心が高い状態で保たれていることと、②そこで与えられる製品情報が次々と入れ代わるために、「欲しい」と思うものが激しく移り変わることが見えてきました。

「欲しい」と思うものが激しく変わるのは、Ｃさん以外の若者たちも同じでした。彼・彼女らは、自分たちの購買行動について「すぐに飽きてしまう」、「新しいものを買うことで気分があがったり、爽快感が得られたりする」と語っていました。インタビューでは「新しい方がキラキラして見える」、「私は浪費癖があるのだと思う」といった言葉がよく聞かれました。これらを参考にすると、リキッド消費傾向の強い若者は、理性的に手順を踏んで検討するというよりも、**新しいものを手に入れること自体に心地よさを感じているよう**です。

もちろん、こうした新しいものを手に入れること自体を心地よく感じる気持ちは、先述した「流れてくる」環境と関連しているでしょう。膨大な数の製品が目まぐるしく入れ替わる環境にいると、新鮮味が失われやすくなったり、飽きやすくなったりすると考えられます。そして同時に、気持ち良さや爽快感を求めて、どんどん新しいものが欲しくなると推察できます。こうして「次々に欲しくなる」という心理が生まれているようです。

ひとまず寝かせる

調査では、「流れてくる」という現象に加え、もう1つとても興味深いことが発見されました。それは**「寝かせる」**という行為です。

とくに20代以下の若年層では、SNSなどで気になる製品に出会っても、すぐに積極的な検討を開始しない様子がみられました。ファースト・コンタクトで「いいな」「欲しいな」と思っても、その場で詳しく調べたり、勢いにまかせて買ってみたりすることはほとんどありません。気になる製品をスマートフォンにメモしたり、製品が紹介されている投稿をスクリーンショットで保存したり、あるいは頭の片隅においておくなどします。これが「寝かせる」という行為です。

今回の調査では、若年層のほとんどが、「寝かせる」という言葉を口にしていました。彼・彼女らはSNSなどで気になる製品に出会っても、すぐその場で「どこで買えるんだろう」「他にどんな製品があるんだろう」といった具体的な検討はせず、ただ時間をおきます。すると、寝かせている間に2つのことが起こります。

まず、寝かせていると、その製品に関する好意的な情報が、かたちを変えて「流れて」きます。たとえば、最初に見かけたのとは異なる投稿者が、その製品やその製品カテゴリーにまつわる事柄を好意的に紹介しているのを見かけたりします。こうして能動的な探索でなく、受動的な接触を繰り返すうちに、**「そういえば欲しかった」**と思い出し、魅力度が高まっていきます。そして段々と、頭の中でその製品や製品カテゴリーの占める割合が上昇していきます。

視点を変えれば、「好ましいもの」や「好ましいこと」として彼らに接触し続けない限り、絶えず行われる情報更新がもたらす「これも、いいかも」という気持ちに押し出されてしまい、本格的な検討の前に選択肢から外されてしまいます。

寝かせているあいだに起こる、もう1つのことは、**自分の気持ちに「確信が生まれる」**ことです。20代以下の人たちに話を聞くと、ものを買う前に解消したい不安の1つに「その製品を好きでいつづけられないかもしれない」という気持ちがあるということでした。彼・彼女らは、自分の気持ちがどれくらい続くかに懐疑的なため、手に入れたい気持ちが高まったときにすぐに買うのではなく、時間をおいて「熱が冷めていない。気持ちが高いままだから買っても大丈夫」と確信を持ててから、本格的に購入を検討したいと考えていました。

読者の皆さんのなかには、自分が「好き」と思ったのならば、間違いなく「好き」なのではないだろうか、と思われた方もいるでしょう。しかし彼・彼女らが置かれた環境に目を向けると、必ずしもそうでないことがわかります。間断なく追加され、更新される情報に日々浸かることで、他により良い選択肢が見つかったり、他のことに関心が向いてしまったりすることが珍しくないからです。

もし「寝かせる」ことなくすぐに購入してしまえば、「好き」という気持ちを維持できなくなったときに、失敗や後悔といった感情が生まれるでしょう。こうしたネガティブな感情を避けるために、彼・彼女らは、自分の気持ちに「確信」が得られるまでの少しのあいだ「寝かせる」ようなのです。数多くの選択肢が流れてくる状況で、間違いを犯さないために確信が生まれるまで購買を控えるという現象は、理にかなった行動だと考えられます。

実はこの「確信」（confidence）という心理状態が購買に影響を及ぼすことは、消費者行動研究の世界において、50年以上も前から指摘されてきました（3）。今回の調査結果をみると、「次々と入れ代わる膨大な量の情報に、受動的に接触し続ける」ことが普通になった現代の生活環境において、「確信」の影響が以前にも増して顕著になっているのかもしれません。

同時に、現代の若者が用いる**「衝動的な買い物」という言葉は、必ずしも「瞬間的な買い物」を意味しているのではない**こともわかります。前述した「次々と入れ代わる膨大な量の情報に、受動的に接触し続ける」環境では、「瞬間的な買い物」はリスクが大きすぎるのでしょう。

異質なものへの楽観的な期待

服以外の消費行動はどうでしょうか。Ｃさんは「次々に欲しくなる」だけでなく、「色々なものを試してみたい」「もっと良いものに出会いたい」とも考えているそうです。そこで私たちは、彼がスーパーマーケットでお酒とドレッシングを買う場面に同行してみました。行動観察調査という手法です。

Cさんのお気に入りは「X」という銘柄のお酒です。心のなかでは「一番美味しいお酒」であり、盤石の銘柄ということでした。

ところが店内を歩くうち、他製品とパッケージの色合いやデザインが大きく異なる「Y」という銘柄を見つけます。初めて出会った「Y」を見てCさんは考えます。「この『Y』だけ、他のブランドと明らかに違うデザインで、目立っている。パッケージの色も、ロゴのフォントも、写真やイラストの雰囲気も、他のお酒とは大胆に違う。こんなに違うということは、もしかしたら中身もまったく違うのかもしれない。他のどの銘柄とも全然違っていて、『X』よりずっと美味しいのかもしれない……」

こうした異質なものへの楽観的な期待は、定性調査を通じた発見の1つです。リキッド消費傾向の強い若者は、店頭で他製品との違いがはっきりしているもの、異色なもの、知らないものを見かけたときに、「自分が知っているラインアップのどれよりも『良いもの』かもしれない」という、楽観的な期待をする傾向がみられました。そしてその期待によって、自分の心の中に盤石の定番があるにもかかわらず、新しい製品に手を伸ばす傾向もみられました。

第3章や第6章で、リキッド消費傾向の強い人には「失敗したくない」という気持ちがあると述べました。一方でここでの分析では、**異色なものや知らないものに対して、楽観的な期待を形成する傾向**が明らかになりました。これらを統合すると、リキッド消費傾向の強い人は、「失敗はしたくないけれども、異質なものや知らないものには期待してしまう」というアンビバレント（相反的）な感情を持っているようです。

スーパーでの買い物は、こうした異質なものへの楽観的な期待のエピソードにこと欠きませんでした。初めて出会ったお酒「Y」を買い物カゴに入れたCさんは、続いてドレッシング売り場にきました。ここでも彼は「知らないものがあれば試してみたい」と考えています。

しかし、ドレッシング売り場での彼の気持ちは、お酒売り場とは違ったようです。なぜなら、ドレッシングには彼にとっての「定番品」や「お気に入り品」がなかったためです。お酒売り場でみられた彼の行動が「最高の更新」であったとすると、定番品のないドレッシング売り場での行動はまだ見ぬ「お気に入り探し」といえるものでした。

つまりCさんが新製品を試してみる理由には、①すでに存在する「お気に入り」を超える経験をしたい場合と、②まだ存在しない「お気に入り」を見つけたい場合があるようです。

バラエティ・パックは良いもの探し

Cさんの行動には一貫した傾向が見られます。お酒でもドレッシングでも、「新しいものを試す」のを好むことです。こうした傾向はCさんに限らず他の若者にも観察されました。彼・彼女らは「新しいものを試す」ことによって、「より良いものをみつける」ことを期待していました。興味深いのは、そのための方法として、バラエティ・パックを好む傾向がみられたことです。

バラエティ・パックとは、いろいろな種類のアイテムの詰め合わせのことです。チョコレートであれば、ミルク・チョコレート、ダーク・チョコレート、ホワイト・チョコレートなど、複数の種類のチョコレートがひとつの袋に入っています。バラエティ・パックはアソートメント・パックともいわれます。

消費者にとってバラエティ・パックの魅力は2つあります。第1の魅力は「いろいろ楽しみたい」という気持ちを満たしてくれることです。第2の魅力は「新しいものを試せる」ことです。

マーケティングの世界では、どちらかというと前者の目的でバラエティ・パックを販売することが多いようです。いろいろ楽しむ行動を「回遊行動」とか「回遊消費」といいますが、バラエティ・パックは主として消費者の回遊欲求に対応するために市場に投入されます。ところが今回の分析では、バラエティ・パックを購入する理由として第1の魅力をあげた人はいませんでした。

たとえば、ある大学生の女性は「いろんな種類を一気に試せると違いが分かりやすい。そこからお気に入りを見つけたい」と考えていました。別の女性は「お醤油のバラエティ・パックがあればいいと思う。素麺に柑橘系醤油、お刺身に牡蠣醤油、卵かけご飯に専用醤油など、色々な場面で一番合うものを選びたい」と話していました。

今回の調査データを見る限り、リキッド消費傾向の強い若者は、主として「新しいものを試して、より良いものをみつける」ためにバラエティ・パックを利用しているようです。

違いは感じられなければ意味がない

ドレッシングや調味料の売り場での行動観察調査からは、もうひとつ面白いことがわかりました。リキッド消費傾向が強い若者たちを観察していると、新しい製品や、前回と違う製品を選ぶ人がいる一方で、同じ製品を買い続けている人がいました。そしてそうした人たちのほとんどは、「店頭におかれている製品に、メーカーの違いや種類の違いがあることはわかっているが、自分にとっての違いはない」と考えていました。

ここから読みとれるのは「違いがある」という認識ではなく、**「違いが感じられそう」という期待がないと、購買行動に変化は生じにくい**ということです。これはリキッド消費傾向の強い若者を理解するための、とても重要なポイントだと思います。彼・彼女らの関心を引くには、選択肢にあがった製品のなかで「明確な違い」が必要なようです。ある女性は、「フレーバーの違いは目を惹くけれども、原材料の違いまでは口の中では感じないだろうから気にしない」と語りました。

こうした意見を集約すると、①ひとたび「私の定番品」ができると、容易にあちこちに目を向けることはなくなることと、②「私の定番品」の乗り換えが生じるには、「明らかな違いが感じられるだろう」という期待のハードルを越える必要があることが示唆されます。

所有しない生活の魅力

ふたたび大学生の男性であるＣさんに焦点をあわせて、アクセス・ベース消費（所有しない消費）の実態について記述していきます。

「ピュアリキッド」であるＣさんは、ものを所有することにこだわりがありません。日常生活から特別なイベントまで、さまざまなシーンでレンタル・サービスやシェアリング・サービスを利用しています。

たとえば、いままでは若者の必携アイテムといえるスマートフォン用のモバイル・バッテリーを、彼は持っていません。その代わりＣさんはコンビニエンス・ストアのレンタル・モバイル・バッテリーを愛用しています。朝から外出していると夜にはバッテリーが無くなりかけますが、モバイル・バッテリーを持ち運ぶと荷物になるので、コンビニエンス・ストアで借りた方が良いと考えています。レンタル・モバイル・バッテリーは好きな場所で借りて、好きな場所で返せるので、とても便利だということでした。

冬になればスノーボードをレンタルします。スノーボードに行くのは年に１回だけなので、レンタルの方が買うよりも安く済むためです。それにレンタルであればボードを保管しておくスペースも不要です。

同様に、遠出をして遊びに行くときには、カーシェアリングを利用します。カーシェアリングの貸し出しスポットはあちこちにあるので、友人たちと集合しやすいスポットに集まり、そこから車を借りて出発できることにも魅力を感じています。

Cさんに加え、他の若者の調査も合わせてみることで、「所有しないこと」にはいくつかのメリットがあることがわかりました。

1つ目は、もちろん**コスト・メリット（安さ）**です。スノーボードや自動車など「学生だから買えない」ものや、「年に1回使うだけのものにたくさんお金は出せない」といったものでも、レンタルやシェアリングならば利用することができます。

2つ目は**身軽さと気楽さ**です。保管や管理の手間を省くことから得られる「身軽さ」は、レンタル、シェアリング、サブスクリプションといったサービスを利用する大きな魅力の1つとしてあげられていました。また保管や管理の手間を省くだけでなく、そのことについて考えなくて良い「気楽さ」が、これらサービスを利用するときの重視点となっていたのも見逃せません。

必要なタイミングに、最適な場所でアクセスできることは、快適で柔軟な生活の実現に欠かせません。たとえばある大学生の女性は、サブスクリプション・サービスをフル活用することで、音楽、映像、書籍を持ち歩かなくてすむようにしていました。また彼女はレンタル自転車を目的地で乗り捨てて、帰路は電車を使うなど、そのときどきで一番心地よい交通手段を組み合わせて利用していました。

３つ目は**楽しさや高揚感**です。今回の分析対象となった若者からは、「カーシェアであれば色んな車種に乗れるので飽きが来ない」といった意見もきかれました。若者たちの意見からはレンタル、シェアリング、サブスクリプションといったアクセス・ベース型のサービスを利用することで、楽しさや高揚感を得ようとしていることがうかがえました。

なお３つ目の理由は、短命性とも深くかかわっているでしょう。短命性の背景には、いろいろなものを試したり、さまざまなものを楽しみたい気持ちがあることを述べました。こうした気持ちを満たすために、アクセス・ベース型のサービスが利用されているのだと考えられます。

一連の分析結果を見ていくと、アクセス・ベース型サービスは、購入や所有の「代わり」だけでなく、所有では得られない価値、すなわち持たないことから得られる「身軽さと気楽さ」、バラエティを味わうことから得られる「楽しさと高揚感」を得るために利用されていることがわかります。

これら身軽さと高揚感は、ものを所有することから得られる価値とも、ものを使うことから得られる価値とも異なります。いずれも、ひとつひとつの製品ではなく、視点をもう少し高め、生活全体を見渡すことで理解できる価値だといえます。

特別なことと、今しかできないこと

つづいて脱物質の傾向についてです。第2章で述べたように、脱物質という概念は「物質の代替化」と「経験志向」として考えることができます。物質の代替化とは、それまで物質を用いて提供されていたものが、物質以外のものを用いて提供されるようになることであり、経験志向とは、物質ではなく経験に価値を感じるようになってきたことでした。

これらのうち物質の代替化は、レンタル、シェアリング、サブスクリプション・サービスの利用など、アクセス・ベース消費の事例と重複する部分がかなりあります。そこでここでは、脱物質のもう1つの側面である経験志向に焦点を絞って考えていきます。

やはり第2章で述べたように、物質の代替化が社会の仕組みの変化であるのに対して、

経験志向は消費者の価値観や嗜好の変化という点で特徴的です。

まず、経験とは何かについて考えてみましょう。ものを買ったり消費したりするよりもお金をかけたくなる「経験」とは、どんなものでしょうか。読者のなかには、将来の夢に向けた自己投資や自己研鑽、人生でも屈指の思い出となる海外旅行をイメージされる方もおられるでしょう。もちろんそれも正解です。

しかし、リキッド消費傾向が強い若者たちに話を聞いてみると、そうした「大きな経験」だけにとどまらず、より幅広い視点で経験を捉えているようでした。

彼・彼女らに、ものより優先したい経験をたずねると、まず出てきたのが**「特別感や非日常性」**を味わえる経験でした。Cさんは、「沖縄でウミガメと一緒に泳いだことは、ものを買うよりも優先したい非日常の経験だった」と語っています。ほかのインタビューでは、たとえば好きなアイドル・グループのライブやハイタッチ会、生ならではの迫力を味わえるサッカーの観戦、韓国を訪問してプロにメイクをしてもらう、といった意見もありました。これらは、いずれも日常では味わうことのできない、希少な体験という点で共通しています。

また、それ自体に特別感や非日常性はなくても、**「今しかできないこと」**だと意識することで、ものより優先したい経験となる場合があることもわかりました。

たとえばCさんは、インタビュー時点で就職を間近に控えていたのですが、「就職したら友人と会う機会が減るかもしれないので、いまのうちに一緒にドライブや旅行に行っておく」と語っていました。また彼は「祖父と一緒にいられる時間は限られているかもしれないと思ったので、2人で韓国旅行に出かけた」とも語っていました。

日常の経験値を高められる経験

「日常の経験値」を高められる経験も、ものより優先したいことにあげられました。Cさんの場合、初めて地方の動物園で「バク」を見たことや、初めて「ほうとう」を食べた経験を語りました。彼がそうした経験に価値を感じるのは、特別感や非日常性を抱くからではなく、将来誰かと旅行に行くときに「こんなものがあるから行ってみよう」と提案できることにあるようでした。

自分の知識レベルを高めるという点で、これらは広い意味での自己研鑽に含まれるでしょう。しかし一般的に自己研鑽というと、資格取得や習い事によるスキル獲得、体を鍛えるなどといったハードな活動やストイックな活動がイメージされやすいのに対して、

「日常の経験値」を高める経験は、もうすこし普通でありふれたものである点が特徴的です。

以上のように、リキッド消費傾向が強い若者たちは、特別感や非日常性があること、今しかできないこと、日常の経験値を高められることに、お金をかけたくなるようでした。また、それらには人生で数回しかできない「大きな経験」ばかりでなく、「小さな経験」も含まれました。

現代の人々、とくに若い世代の人たちは、スマートフォンを使い、日々のちょっとした瞬間を撮り続けています。フィルム・カメラの時代には、ビッグ・イベントしか記録に残されなかったのに対して、いまはささやかな瞬間が大量に記録として残っています。こうした変化も「大きな経験」ばかりでなく、「小さな経験」に眼を向ける傾向と関連しているのかもしれません。

ものと経験はどう違うのか

ところで彼・彼女らのなかで、「経験をすること」は「ものを買うこと」とどう違うのでしょうか。インタビューや行動観察の結果を集約すると、どうやら3つの違いがあるようです。

1つ目は、**もたらされる感情の大きさが、ものとは一線を画している**、ということです。リキッド消費傾向が強い若者も、ものを買うことは好きであり、楽しさを感じています。しかしある大学生からは、「ものは日常。経験は非日常」「ものは1人で細々と楽しい。経験はインパクトの大きな楽しみ」という声があがりました。

2つ目は、**代わりになるものがないこと、つまり非代替性**です。ある大学生は、ものは比較することができるが、経験はそれぞれに良いところがあるので比較できない。ものは満足できなくなり、他のものが欲しくなることもあるが、経験は満足できなくなるということがない、と語ってくれました。なんとも、洞察に満ちた指摘ではないでしょうか。

3つ目は、**消えないこと、すなわち非消滅性**です。ある大学生は「ものは消えるが、経験や思い出は消えない」と考えていました。彼女によると、ものは消費によって消耗したり壊れたり、捨てたり、飽きたりして消えていきますが、経験は思い出や記憶、知識としていつまでも残る、ということでした。またそれゆえ、ものの価値は次第に下がっていくが、経験の価値は時間が経っても下がらない、ということでした。彼女のこうした主張の背後には、新しい製品が次々あらわれるため、ひとつひとつの製品に愛着が形成されにくく、ものの価値が長続きしないという気持ちがあるようでした。

無駄も手間も省きたい

最後に、省力化について見ていきます。前述したように、Cさんは服が好きで、スマートフォンの画面に「流れてくる」洋服の情報を日常的にキャッチ・アップしています。それだけ好きならば、実際に買うときも手間を惜しまず、時間をかけて服を探すかのように思えますが、彼の場合は違います。服を選ぶことに、できるだけ時間をかけたくないようなのです。

Cさんは、服には関心がありますが、優先したいのは勉強や友人と過ごす時間です。忙しい生活の中で、自分が大事にしていることに費やせる時間を捻出したいと考えているようです。ですから彼は、街へ出かけて洋服を探し回ったりはしません。

Cさんの服の購買プロセスは、とても効率的です、まず、スマートフォンの画面や友人からのクチコミで、服についての情報を仕入れます。次にそれを売っている店をネットで調べて特定し、最後に実際に出かけて買います。ネットである程度選択を済ませてしまうことで、服を選んで購入する時間を意識的に省いています。

Cさんの買い物行動を観察していると、**「迷うこと」を避けようとする傾向**が強いことも発見できました。Cさんのプロテインの購買行動を見てみましょう。プロテインにはいろいろ種類があるので、じっくり見ているとどれが良いか迷います。しかしCさんは、迷うことを避けたいと考えているようです。

最初はどれが良いかわからないので、比較サイトを参考に複数の種類を試して、「自分はこれが好き」という製品を見つけ出しました。するとそれからは迷うことなく、毎回その製品を買うようになりました。もちろん、購入するときはECサイトを利用して、店頭にいく手間も省いています。

これは購買行動ではありませんが、Cさんはアルバイトに対しても効率性重視です。歩合制の配達サービスに登録して時給3000円を得ています。一番稼げる時間帯に集中して働くことで、優先したいことに使う時間を捻出していました。自分が大切だと思うことに使える時間を確保するための省力化は、買い物行動に限らず生活に根づいているようでした。

自分に合った製品を、手間をかけずに選びたい

第３章でも触れたように買い物行動における省力化は、①製品の選択を手軽にするものと、②購買と支払いの手続きを手軽にするものに分けられます。製品の選択を手軽にするというのは「選んだり比較したりする手間を少なくする」ことであり、購買前段階での省力化といえます。また購買と支払いの手続きを手軽にするというのは「買い物に行く手間や、手続きの手間を少なくする」ことであり、購買時点での省力化といえます。

購買前段階の省力化、すなわち選んだり比較したりする手間を減らすには、インターネットの情報が役立ちます。また購買時点の省力化、つまり買い物に行く手間や手続きの手間を少なくするには、ＥＣサイトが役立ちます。しかし現実には、「インターネットで調べてＥＣで買う」という購買パターンが難しい場合もあります。

ひとつは、その製品カテゴリーについての知識が乏しい場合です。その製品カテゴリーにあまり詳しくなく、かつ膨大な種類の製品が存在すれば、インターネットで調べたとしても、自分にぴったり合った製品をひとりで選ぶのは容易でありません。こうした現象は、化粧品やガジェットなどの買い物でよく生じるようです。

もうひとつは、インターネットで調べるほどではなく、しかもＥＣサイトを活用しに

くい製品の場合です。たとえばスーパーマーケットで購入する食品や日用品があります。リキッド消費傾向が強い若者は、このような状況に直面したとき、どのように対処しているのでしょう。今回の調査から、それぞれの場合について見ていきましょう。

まず、自分があまり詳しくないカテゴリーの製品を購買しようとする場合、**「自分に合った製品を教えて欲しい」**と考える傾向が強いことが示されました。無理して自分で調べずに、積極的にアドバイスを求めに行くわけです。

ある大学生の女性はスキンケア用品の選択で困っていました。スキンケア用品は、自分の肌に合うと効果が高い反面、合わないと化粧かぶれなどのリスクがあります。乾燥肌用や脂性肌用などいろいろなタイプの製品が販売されていますが、そもそも自分がどんなタイプの肌なのか分からず途方に暮れていました。彼女は、誰かがアドバイスをしてくれることを期待していました。

また、ある大学生の男性はイヤホンやスマートフォンなどのガジェットを買うときは、プロに教えて欲しいと語っていました。高額で使いこなせないものを買ってももったいないので、「あなたの欲しいレベルならこの製品で十分」、「これくらい写真を撮るならこの容量で問題ない」という具合に、自分にとって最も良い選択肢を示すアドバイスが欲しいということでした。

ことわざに「聞くは一時の恥、聞かぬは一生の恥」とありますが、彼・彼女らは、誰かに教えてもらうことを、特段恥ずかしいとは思わないようです。そしてその背後には、自ら調べるなどの労力をかけずに、自分に合ったものを選びたいという、省力化傾向が存在するようです。

つづいてリキッド消費傾向が強い若者が、スーパーマーケットで食品や日用品をどのように選んでいるのかを見ていきましょう。

多くの若者は食品や日用品について強い関心を持っていませんし、自分なりの比較軸やこだわりも持ちません。このため最低限の機能や品質を満たしていれば良いと考える傾向が強いのですが、その一方で、がっかりするようなネガティブな気持ちにはなりたくないとも思っています。つまり大半の若者は、食品や日用品を「手っ取り早く、間違いなく」選ぼうとします。

調査では、こうした「手間はかけたくないが、失敗はしたくない」という気持ちに対応した方策が４つ見えてきました。

第１は、**「一番安いものを買う」**ことです。少なからぬ若者が、食品や日用品について「価格差はあるが、自分にとって中身に大差ない」と考えており、一番安いものに瞬時に手がのびる様子が観察できました。どうやら彼・彼女らに対して、ちょっと贅沢、ちょっと美味しい、一味違うといった訴求は通じないようです。

第2は、**「人気・王道・定番の製品を買う」**ことです。これは「手っ取り早く、間違いなく」買い物を済ますための、もっとも効果的な方法でしょう。第5章の分析では、リキッド・クラスターはプライベート・ブランドを好んで購買する傾向が高いという結果が出ていました。プライベート・ブランドには、その製品カテゴリーの標準的なアイテムが多いことを考えると、こうした行動はコスト・パフォーマンスを重視するという合理性だけでなく、選ぶ手間を省くという省力化の一端なのかもしれません。

第3は、**「今までと同じものを買う」**ことです。仮にもっと良い製品があったとしても、これまでに間違いや失敗がないものを選べば、「手っ取り早く、間違いなく」買い物を済ませることは可能です。たとえば、ある大学生は、「情報に左右されないで気に入ったものを買い続ける」ことが自分にとっての省力化だと説明してくれました。

第4は、**「自分のルールをつくる」**ことです。ある大学生はドレッシングを選ぶとき「毎回違うものを買う。でも選ぶ時間はかけないように、棚の端から順番に買っていくルールをつくった」と語っていました。そうすることで、省力化はしたいが、毎回同じものではつまらないというジレンマを解消できます。

リキッド消費傾向が強い若者の食品や日用品の購買行動を見ていると、彼らが興味のないものを買う場合、きわめて効率的に手を抜く傾向があることがわかります。


本章では、リキッド消費傾向が強い若者に焦点を合わせ、定性調査を通してその消費行動を観察してきました。もちろん、本章で紹介した内容はすべての人にあてはまる一般的な傾向というわけではありませんし、そもそも彼・彼女らの日常生活のごく一部にすぎません。またコンベンショナル・クラスターやプレカリティ・クラスターの若者と比較した結果でもありません。したがって、本章の内容をもってリキッド消費傾向が強い若者を完全に理解しようとするのは危険です。

本章をお読みになり、意外と「あたりまえ」の行動だな、と感じられる方もいるでしょう。一つ一つの消費行動を調べていくと、いずれも「理にかなった行動」のように思われます。それぞれの行動に理由があり、突飛なことはしていません。ところが、そうした「あたりまえ」の行動がいくつも組み合わさると、リキッド消費という独特の消費スタイルが構成されていきます。

私たちの消費生活は、簡単に見えてとても複雑です。しかし複雑でわかりにくいものだからこそ、奥深くて、興味深いものでもあると思います。

（1）定性的な調査とは、数字で表すことが難しい質的なデータを収集する調査です。代表的な方法として、グループ・インタビュー（調査協力者を数人集めて、司会者のもとで決められたテーマについて話し合う方法）や、デプス・インタビュー（調査協力者とインタビュアーが1対1で深い質問をしていく方法）があります。また行動観察調査（対象者の行動を観察して事実を記述していく方法）も、定性調査のためによく用いられます（久保田・澁谷・須永, 2022）。

（2）本章の調査および分析においては、株式会社インテージにご協力をいただきました。株式会社インテージにはこの場を借りてお礼を申し上げます。

（3）Howard and Sheth, 1969; Howard, 1994

第８章　私たちはどうすれば良いのか――より良い世界を実現するために

「いま、新しい何かが起こっている。それはこれまで気づかれなかったことや、予見されていなかったことである」（１）。これは、数年前に発表されたマーケティング領域の論文に記されていた一節です。同感される読者も多いのではないでしょうか。

毎日生活をしていると気づきませんが、少し視野を広げると、私たちの消費生活はたしかに変化しています。そこで本書は「リキッド消費」という概念に注目し、消費生活の大きな変化について考えてきました。

リキッド消費を「良い傾向だ」と思う方も、「悪い傾向だ」と思う方もいるでしょう。しかし本書はリキッド消費を肯定的にも否定的にも扱わず、「現実」として傍観するスタンスを貫いてきました。なぜなら消費の流動化という大きな変化が消滅し、ふたたびソリッド消費だけの世界に戻るとは考え難いからです。

リキッド消費の功罪

第3章で述べたように、すべての人たちがコンビニエンス・ストアも、ネット・ショッピングも、スマートフォンも、SNSも捨て去り、かつての消費生活に戻るとは到底思えません。いったん大きな社会変化が生じると、たいがい、もう元には戻りません。私たちには、「現実を受け入れる」という選択肢しかないように思います。そして良い部分は生かし、悪い部分はあらためていくのが賢明だと考えます。

もちろん過ぎ去った時代を懐かしく思うこともあるでしょう。そうした気持ちが生じるのは自然なことです。なぜならノスタルジアには自己評価を高めたり、自分の人生を意味があるものと感じさせる効果があるからです（2）。またノスタルジックな思い出では、自分自身が主人公として描かれる傾向もみられます（3）。さらにノスタルジアを感じると、死に対する恐怖（存在論的恐怖）がやわらぐことも明らかになっています（4）。「昔は良かった」と考えるのは、心理的に好ましい効果をもたらすのです。

しかし思い出の中の過去は本当の過去とは異なります。もし過去が現実になったとしても、それが良いものであるかは別の話です。

リキッド消費には好ましい面も、好ましくない面もあります。なにより素晴らしいのは、自由で、しがらみのない消費生活が可能になることでしょう。さまざまな制約が取り除かれることで、現代人の消費生活はとても開放的になりました。

物事に効率的に取り組めることも、リキッド消費がもたらす評価すべき点だと思います。消費が流動化することで、たとえそれがコマ切れであったとしても、さまざまな経験をすることが可能となりました。実際、最近の中高生の学習教材を見ていると、一つ一つの学びがコンパクトにモジュール化されていて、飽きることなく、テンポよく勉強ができるように工夫されています。

数多くの経験をすることで、創造力が高まったという意見もあるようです。ある音楽評論家は、若いミュージシャンはそれまで想像もできなかったような方法で、膨大な数の音楽に瞬時にアクセスできるようになり、より多くのボキャブラリーを持つようになったと指摘しています（5）。

その一方で、リキッド消費は問題も生み出します。たとえば第2章では、イギリスの慈善団体の調査を参考に、かつてない速さで洋服が消費されていくことを述べました。同様に日本の環境省の報告書にも、日本人は年間平均18枚の服を購入する一方で、1年間に1回も着ていない服を1人あたり35着も持っていると記されています（6）。

物だけでなく、コンテンツの短命化も深刻です。プラットフォーム、フリーミアム、サブスクリプションといったビジネス・モデルが組み合わさることで、本、雑誌、音楽、映像作品などが「使い捨て」される傾向が強まりました。作品の制作やアイデアの創出という創造的な仕事が軽視されるようになったことは大きな問題です。

さらに、リキッド消費が浸透すると「わかりやすさ」が、過度に求められるようになります。「移り気で変化に富んだ消費」を楽しむには、瞬間的に理解できるものが必要だからです。しかし、いうまでもなく「わかりやすいもの」と「正しいもの」は異なります。わかりやすくても、間違っているものはたくさんありますし、また正しくても、わかりにくいものもあります。

「わかりやすさ」の典型はSNSでしょう。SNSでは、たった数百文字（時にはたった1枚の写真）で判断が下されます。「理屈」ではなく「思い」によって評価がなされがちです（7）。いつのまにか私たちの身の回りでは、理性的な判断よりも、感情的な判断が好まれるようになりました。

「容易に手に入る結果」ばかりを求めるようになったのも、リキッド消費がもたらした好ましくない面でしょう。1つのことにじっくり取り組んだり、努力を続けたりすることが、少なくなったように思います。

ある実務家はこうした問題について、現代人の大多数は今やボタンを押すだけで即座に満足を得ることができると指摘し、オンラインから得られる「インスタント満足」(instant gratification）を繰り返すことが、実生活における動機づけの欠如をもたらす、と危惧しています。そして「指先だけで同じような感情を得られるのに、なぜ長期的な目標にむかって取り組むことになろうか」と警告しています（8）。

こうした変化に私たちはどう対応したら良いのでしょう。リキッド消費がもたらす問題には、社会全体で取り組む必要があるものと、個人で対応できるものとがあります。たとえばコンテンツが使い捨てされる問題などは、個人の行動によって解決できる余地が少なく、社会全体の構造を変えていく必要があると考えられます。その一方で「わかりやすさ」や「容易に手に入る結果」ばかりを求めてしまう傾向には、個人でもある程度対応が可能です。

私が知る限り、マーケティングの世界には後者と深く関連する研究や理論が少なくとも2つあります。「流暢性」と「解釈レベル理論」といわれるものです。どちらも面白いものなので、やや詳しく説明します。

スムーズなことは心地良い（流暢性）

まず「流暢性」（fluency）について説明します。流暢性とは、情報や刺激を知覚したり、処理したりするときに感じる容易さのことです。単純なものや、明確なものは、流暢性が高くなります。そして困ったことに、私たちは流暢性が高いものを「良いもの」と判断します。

たとえば読みにくい文字よりも、読みやすい文字の方が、容易に判別できるので、流暢性が高くなります。その結果、読みやすい文字で書かれたものを、正しい内容だと感じます。あるいは読みやすい文字を書く人を、賢く、誠実な人に感じます。もちろん実際には、読みやすい文字で書かれた内容が正しいとは限りませんし、読みやすい文字を書いた人が賢い人とは限りません。流暢性の高さは、誤った判断をもたらします。

流暢性が誤った判断をもたらすメカニズムは、意外と簡単です。流暢性が高いものは情報の処理が容易なので、頭に負担がかからず、心地よく感じます。しかしこのとき、私たちは「なぜ心地よいのか」の理由を正確に判断できません。このため心地よさの原因を、実際とは異なる、誤った原因に帰属させてしまいます。これを「誤帰属」といいます。

先の例であれば、読みやすい文字で書かれていると頭に負担がかからないので心地よく感じ、その心地よさの原因を「内容が素晴らしいから」など、誤った理由に帰属させてしまうのです。この誤帰属は本人が気づかないうちに、つまり非意識的に行われます。

さまざまな誤帰属

流暢性がもたらす誤帰属について、いくつか例を紹介しましょう。まず私たちは、あまり目にしたことがないものより、よく目にしているものを好ましく感じます。同じ曲でも、初めて聞いたときより、何度か繰り返して聞いたときの方が、「しっくり」と感じられて、良い曲に聞こえてきます。人でも物でも、目にする機会が多いほど、良い印象を抱きやすくなります。これらは流暢性の影響です。

ある対象に繰り返し接触すると記憶が形成され、頭の中でスムーズに処理されるようになります。つまり流暢性が高まります。流暢性が高まると（頭に負担がかからないので）心地よく感じます。ところが私たちはその理由を「この曲（あるいは人や物）が良いから、私は心地よく感じているのだろう」と結論づけてしまいます。繰り返しになりますが、この誤帰属は、自分自身ではまったく気づかずに、潜在的に行われます（9）。接触の機会や頻度が高いほど好ましく感じる例は、ほかにもあります。ハロウィンになると、街にオレンジ色が溢れるようになります。するとオレンジ色に接触する機会が多くなるので、他の時期と比べてオレンジ色の製品に対する評価が高まります（10）。

流暢性が高まるのは、接触の機会や頻度が高い時だけではありません。頭の中で行う情報処理が容易なときにも、流暢性は高まります。たとえば4・97ドルから3・96ドルに値引きするよりも、5ドルから4ドルに値引きする方が安くなったような気がします。実際には、前者の値引き額は1・01ドル（20・3％オフ）であり、後者は1ドル（20％オフ）なのですが、後者の方が計算が容易なので流暢性が高く、「好ましい」と感じてしまうのです（11）。複雑なことを考えるよりも単純なことを考える方が、流暢性は高まるわけです。

さらに、「慣れ」とフィットしていることも流暢性を高めます。英語圏では左から右へと文章を読みます。左から右へと、新しい情報が提示されるわけです。するといつの間にか、過去は左にあり、未来は右にあると感じるようになります。理屈ではなく、そのように慣れてしまうのです。このため英語圏の人の場合、左にアンティークなものを配置し、右に現代的なものを配置した方が、「しっくり」と感じて評価も高くなります(12)。時間は左から右に流れるという「慣れ」とフィットしているからです。現代では日本語も横書きにすることが多くなりましたので、同様の結果が得られると思います(ただしこの本は縦書きですので、本書を読んだ直後には、こうした効果は生じにくいかもしれません)。

わかりやすさの正体

いくつも例をあげてきましたが、私たちは流暢性が高いものを、わかりやすく感じます。つまり流暢性の高さこそが、「わかりやすさ」の正体なのです。そして私たちは誤帰属によって「わかりやすいもの」を「良いもの」と判断してしまいます(13)。

これまでの研究で、流暢性の高いものは好意度を高めるだけでなく、真実であると感じさせたり、意思決定に対する自信を高めたりすることがわかっています(14)。つまり「わかりやすいもの」ほど、自分の好みだと感じたり、正しいものだと思ったり、本当のことだと信じたりしてしまうのです。また「わかりやすいもの」を選んだときの方が、「それでよかったのだ」と自分の選択に自信を持ってしまいます。

心の距離が解釈を変える（解釈レベル理論）

つぎに「解釈レベル理論」（construal level theory）について説明します。これは人が出来事や対象に対して感じる「心理的な距離」に着目する理論です（15）。

私たちは、ある対象を遠くに感じた場合と近くに感じた場合で、その対象の捉え方が変わってきます。対象を遠くに感じた場合は「高次の解釈レベル」となり、抽象的、単純、本質的、あるいは目標と関連づけて捉えやすくなります。反対に、対象を近くに感じた場合は「低次の解釈レベル」となり、具体的、複雑、副次的、あるいは目標とは関連づけないで捉えようとします。

たとえば1年後に海外旅行に行こうと考えたとします。この時点では対象（つまり旅行）までの心理的距離は遠い状況です。すると私たちは、高次の解釈レベルで考えます。どのような旅行がしたいか、どの国へ行きたいか、なぜ旅行に行くのかなど、本質的で、抽象的で、単純で、目標と関連した視点から考えます。

その後、実際に予約をする2～3ヶ月前になったとします。このとき、対象までの心理的距離は近くなるので、低次の解釈レベルで考えるようになります。予算はいくらか、休みは何日間とれるか、出発日と帰国日はいつにするか、為替レートを考えるとどの国が割安かなど、具体的で、複雑で、副次的で、目標とはあまり関連がないことに注意が向き始めます。結果的に、1年前に考えていたのとはまったく異なる場所が選ばれることも珍しくありません。

このように、同じこと（ここでは海外旅行）について考えるのであっても、心理的距離が遠いか近いかによって視点が変わり、注目したり重視したりする点が異なってきます(16)。

解釈レベル理論はいろいろな場面にあてはまります。たとえば、結婚式直前になり不安を感じる「マリッジブルー」もこの理論で説明可能です。婚約したころは幸せな家庭を想像して前向きだったのに（抽象的で単純）、結婚式直前になると相手の細かな部分が気になり出して（具体的で複雑）、結婚にとまどいを感じるといった具合です(17)。

望ましさと実現可能性

これまでの研究で、高次の解釈レベルでは「望ましさ」に注目しやすくなり、低次の解釈レベルでは「実現可能性」（あるいは実行可能性）に注目しやすくなることが指摘されています。このため解釈レベルが高次の人は品揃えの多い店を好み、解釈レベルが低次の人は品揃えの少ない店を好みやすくなります（18）。なぜなら品揃えの多い店には、自分にフィットした服があり、良い結果が得られる可能性が大きいため、望ましさに着目しやすい高次の解釈レベルの人にとって魅力的に映るからです。反対に品揃えの少ない店は、結果は好ましくないかもしれませんが、選択に手間がかからないので、実行可能性に着目しやすい低次の解釈レベルの人に魅力的となります。

解釈レベル理論をリキッド消費にあてはめてみます。リキッド消費は（特に短命性やアクセス・ベースといった特徴によって）、ものごとを短期的に考える傾向を強めると考えられます。つまり対象との心理的距離が相対的に近い状態にあると考えられます。するとリキッド消費傾向が強い場合、「望ましさ」よりも「実行しやすさ」に注目しやすく、「容易に手に入る結果」を求めやすくなります。

流暢性と解釈レベル理論からの示唆

ここまでの説明を整理してみます。リキッド消費が浸透すると、「移り気で変化に富んだ消費」を実現するために、時間をかけず容易に理解できるものが好まれるようになります。つまり、流暢性に対する欲求がいっそう高まり、以前にも増して「わかりやすいもの」が好まれるようになります。そしてこのとき、「わかりやすいもの」は、それ自体で正しく、好ましいものと感じられてしまいます。また「わかりやすいもの」を選ぶと、それだけで自分の選択に自信が生まれます。

またリキッド消費が浸透すると短期的な視点が優勢となるので、解釈レベルが低次になりがちになります。すると「具体的」で「手に入りやすいもの」が好まれるようになります。また「なぜそれを行うのか」（why）よりも、「どうしたらできるのか」（how）に注目が集まります。

しかし繰り返しになりますが、「わかりやすいもの」と「正しいもの」は異なります。わかりやすくても、間違っているものはたくさんありますし、正しくても、わかりにくいものもあります。同様に「実現しやすいこと」と「望ましいこと」は異なります。実現しやすくても、望ましくないことはたくさんありますし、逆に、望ましいけれども、実現しにくいものもあります。

こうして文字にすると当然のことに思えますが、流暢性や解釈レベルの影響は非常に強力です。いずれも潜在的に働くため、ほとんどの人は自分の思考や行動にバイアスがかかってしまうことに気づきません。このため大多数の人は流暢性や解釈レベルの罠にはまってしまい、わかりやすく、具体的で、実現しやすいものばかりを選んでしまいます。

意識をすることで対応できる

幸いなことに心理学者によると、流暢性が高まったことに気づき、その原因を推測できれば、（誤った）好意度の上昇は抑えられるそうです。意識をすることで、流暢性の影響を「割り引く」ことができるわけです（19）。

具体的には、人は「わかりやすいもの」を「よい」と思ってしまいがちだということを意識するとともに、私は「よい」ものではなく「わかりやすいもの」を選んでいないだろうかという問いを、日常的に気にかけるのが効果的でしょう。流暢性についてしっかり理解し、常に意識することで、その影響を排除して適切な評価を行うことができるはずです。

「容易に手に入る結果」ばかりを求めてしまうのには、どう対応したら良いでしょう。

現代の社会には、物事を短期間でこなすことを、良しとする風潮があります。流行りの言葉を使えば「スピード感」と「実行力」です。面白いことに、これら2つのキーワードは解釈レベル理論の「短期性」と「実行可能性」とみごとに対応しています。

リキッド消費が浸透すると、対象との心理的距離が相対的に近くなり、すぐできることに目が向きやすくなります。この時も、ものごとに対して心理的距離を保ち、解釈レベルが低くなりすぎないように意識することが有効でしょう。

具体的には、すぐに結論を求めたり行動したりするのでなく、時間をおいて考えたり動いたりすることが考えられます。第7章で登場した若者のように、少しのあいだ「寝かせてみる」ことが、より深い考えや成果に結びつくことも多いようです。また「どのように行えばよいのだろう」と考える前に、「なぜそれを行うのだろう」と問いかけてみるのも良いでしょう。これらはいずれも、ものごとに対する心理的距離が近くなりすぎないようにするためのコツです。

「わかりやすいもの」を過度に求めてしまうことにも、「容易に手に入る結果」ばかりを求めてしまうことにも、このように「意識をする」ことで対応が可能です。どちらも今日からできることだと思います。

本章の冒頭で述べたように、私はリキッド消費の善悪について批評をしても、あまり意味がないように思っています。繰り返しになりますが、すでに生じてしまった現実だからです。私たちが取り組むべきは、それを現実として受け入れてうまく対応すること、そして何よりも、いかにしたら次の世代によりよい世界を残せるかを考え、実行することではないでしょうか。

（1）Kozinets, 2019, p.620
（2）Baldwin and Landau, 2014; Wildschut et al., 2006
（3）Wildschut et al., 2006
（4）Juhl et al., 2010; Routledge et al., 2008
（5）Suskind, 2014
（6）環境省, 2021. ちなみに服1着をつくるためには約2300リットルの水が消費されるそうです。
（7）石戸・江川, 2020
（8）Folkes, 2019; 久保田, 2020b
（9）過去に接したことのあるものに肯定的な感情を抱くことを「単純接触効果」といいますが、最近の研究によると、単純接触効果のメカニズムは流暢性によって説明されるといわれています（須永、

2018; see also Arkes, 2013; Janiszewski and Meyvis, 2001)。

（10）Berger and Fitzsimons, 2008; 石井, 2020

（11）Thomas and Morwitz, 2009; 石井, 2020

（12）Chae and Hoegg, 2013; 石井, 2020

（13）流暢性について講演をしたとき「先生は、わかりやすく話すのが良くないと言うのですか？」と質問を受けたことがありますが、これは誤解です。誤帰属は、わかりやすいものに接したときに生じる現象です。つまり情報のインプットの時に生じます。これに対して、わかりやすく話すというのは、情報のアウトプットのことです。コミュニケーションをする際に、相手の立場を考えて、わかりやすく話すのはとても大切なことです。情報をインプットする時には「わかりやすいもの」に気をつけ、情報をアウトプットする時には「わかりやすく」なおかつ「正しく」なるように気をつけるのが良いと思います。

（14）石井, 2020; 須永, 2018

（15）久保田・澁谷・須永, 2022

（16）久保田・澁谷・須永, 2022

（17）外川, 2019

（18）Goodman and Malkoc, 2012; 外川, 2019

（19）山田, 2019

おわりに

バーディーとエカートによって執筆された論文Liquid Consumption（リキッド消費）に出会ったのは、2017年の春のことでした。そのころ私には、朝起きるとすぐにスマートフォンでメールの確認をするという、良くない習慣がありました。夜中のうちに届いた、たくさんのメールに目を通す作業でした。

ある朝、ベッドの中でスマートフォンを片手にメール確認をしていたところ、*Journal of Consumer Research*という学術誌から「新着論文」のお知らせが届いていました。そして、そのなかの1つにLiquid Consumptionがありました。

いまでもよく覚えているのですが、アブストラクト（要約）を読んだ瞬間に、「ああ、これだ！」と思いました。それまで漠然と感じていたことが綺麗に1つにまとまると直感したからです。すぐに海外の出版社からPDFデータを購入し、本文を読みました。

こうして出会ったリキッド消費ですが、このテーマについて正面から論じた研究は、いまのところ前述したバーディーとエカートのほかに見あたりません。それはリキッド消費というコンセプトの重要性が低いからではなく、あまりに大きく抽象的で検証が困難なものだからだと思います。特に若い研究者にとって、こうしたテーマに取り組むのは致命的です。

今日の世界的な傾向として、研究者が「客観的な指標」によって評価されるようになりました。具体的には「評価の高い（英語の）学術雑誌」に論文が「何本」掲載されたかによって研究者の評価が決まります。いわば研究業績のポイント制です。こうした仕組みが普及したことによって、研究者の世界では「いかにして効率的にポイントを稼ぐか」が重要視されるようになりました。

とりわけ、まだテニュア（終身在職権）を獲得していない若手研究者にとって、この問題は深刻です。一定期間に一定数のポイントを稼げなければ、職を失うことになるからです。彼・彼女らにとって「素早く、簡単に論文が書ける」テーマこそ重要であり、それ以外に手を出すのは自殺行為です。そして、こうしたポイント制の観点からみると、抽象的で検証の難しいリキッド消費はきわめて効率の悪い研究テーマだといえます。

このようにリキッド消費は「危険なテーマ」だったのですが、幸いにして私は若手研究者ではありませんでしたので、思い切って取り組んでみることにしました。その結果、ありがたいことに学界からも実務界からも、好意的に深く受け止めていただけました。また世界的にみても、マーケティング研究における基本的な考え方の1つとして、リキッド消費が認知されるようになりました。

そうしたなか、新潮社の大古場春菜さんから、本書の出版についてお話をいただきました。研究者である私に新書が書けるのかという不安もありましたが、彼女の真摯な姿勢に心を打たれ執筆を決意しました。

本書は数多くの方のご協力によって完成したものです。なかでも株式会社インテージの産学連携生活者研究プロジェクトからは、多くのお力添えをいただきました。プロジェクト・メンバーの伊東祐貴様、小林春佳様、田中宏昌様、三橋紗和子様、宮原栞梨様（50音順）には心より感謝を申し上げます。とりわけ小林春佳様と三橋紗和子様にはデータの分析や解釈にあたり、大変なご苦労をおかけしました。また同社の片寄航様には、パネルデータの処理をはじめ、さまざまなご支援をいただきました。本書が無事完成したのは皆様のおかげです。ありがとうございました。

二〇二五年春

久保田進彦

参考文献

外国語文献（アルファベット順）

Baldwin, M., and Landau, M. J.（2014）. Exploring Nostalgia's Influence on Psychological Growth. *Self and Identity*, 13（2）, 162-177.

Bardhi, Fleura, and Eckhardt, Giana M.（2012）. Access-Based Consumption: The Case of Car Sharing. *Journal of Consumer Research*, 39（4）, 881-898.

Bardhi, Fleura, and Eckhardt, Giana M.（2017）. Liquid Consumption. *Journal of Consumer Research*, 44（3）, 582-597.

Bauman, Zygmunt（2000）. *Liquid Modernity*. Cambridge, UK: Polity.（森田典正訳『リキッド・モダニティ：液状化する社会』大月書店、2001年）

Bellezza, Silvia, Ackerman, Joshua M., and Gino, Francesca（2017）. "Be Careless with That!" Availability of Product Upgrades Increases Cavalier Behavior toward Possessions. *Journal of Marketing Research*, 54（5）, 768-784.

Berger, Jonah arkin, and Fitzsimons, Gráinne（2008）. Dogs on the Street, Pumas on Your Feet: How Cues in the Environment Influence Product evaluation and Choice. *Journal of Marketing Research*, 45(1), 1-14

Chae, Boyoun, and Hoegg, JoAndrea（2013）. The Future Looks "Right": Effects of the Horizontal

Location of Advertising Images on Product Attitude. *Journal of Consumer Research*, 40 (2), 223-238.
Chu, Hsunchi, and Liao, Shuling (2007). Exploring Consumer Resale Behavior in C2C Online Auctions: Taxonomy and Influences on Consumer Decisions. *Academy of Marketing Science Review*, 11 (3).
Chu, Hsunchi, and Liao, Shuling (2010). Buying while Expecting to Sell: The Economic Psychology of Online Resale. *Journal of Business Research*, 63 (9-10), 1073-1078.
Eckhardt, Giana M., and Bardhi, Fleura (2020). New Dynamics of Social Status and Distinction. *Marketing Theory*, 20 (1), 85-102.
Folkes, Sasha (2019, September 15). How Should Brands React to Digital 'Addiction'? OMD EMEA BLOG, September 10. Retrieved from http://www.omdemeablog.com/news/how-should-brands-react-to-digital-addiction/
Goodman, Joseph K., and Malkoc, Selin A. (2012). Choosing Here and Now Versus There and Later: The Moderating Role of Psychological Distance on Assortment Size Preferences. *Journal of Consumer Research*, 39 (4), 751-768.
Howard, John A. (1994). *Buyer Behavior in Marketing Strategy*. Englewood Cliffs, NJ: Prentice Hall.
Howard, John A., and Sheth, Jagdish N. (1969). *The Theory of Buyer Behavior*. New York, NY: John Wiley & Sons.
Husemann, Katharina C., and Eckhardt, Giana M. (2019). Consumer Deceleration. *Journal of Consumer Research*, 45(6), 1142-1163.
Janiszewski, Chris, and Meyvis, Tom (2001). Effects of Brand Logo Complexity, Repetition, and Spacing

on Processing Fluency and Judgment. *Journal of Consumer Research*, 28(1), 18-32

Jemielniak, Dariusz, and Raburki, Tomasz (2014). Liquid Collaboration. In Jerzy Kociatkiewicz and Monika Kostera (Eds.), *Liquid Organization: Zygmunt Bauman and Organization Theory* (pp.85-103). London and New York: Routledge.

Juhl, Jacob, Routledge, Clay, Arndt, Jamie, Sedikides, Constantine, and Wildschut,Tim (2010). Fighting the Future with the Past: Nostalgia Buffers Existential Threat. *Journal of Research in Personality*, 44 (3), 309-314.

Kozinets, Robert V. (2019). Consuming Technocultures: An Extended JCR Curation. *Journal of Consumer Research*, 46(3), 620-627.

Lamberton, Cait, and Goldsmith, Kelly (2020). Ownership: A Perennial Prize or a Fading Goal? A Curation, Framework, and Agenda for Future Research. *Journal of Consumer Research*, 47 (2), 301-309.

Lord, Chris (2022, June 4). The Big Questions: KISS' Gene Simmons on 'resilience' of UK fans, Radiohead, and the death of music... METRO.co.uk. Retrived from https://metro.co.uk/2022/06/04/kiss-gene-simmons-gets-frank-about-radiohead-retirement-and-uk-fans-16764062/

Morewedge, Carey K., Monga, Ashwani, Palmatier, Robert W., Shu, Suzanne B., and Small, Deborah A. (2021). Evolution of Consumption: A Psychological Ownership Framework. *Journal of Marketing*, 85(1), 196-218.

Muñiz, Albert M. Jr., and O'Guinn, Thomas C. (2001). Brand Community. *Journal of Consumer Research*, 27(4), 412-432.

Nissanoff, Daniel (2006). *Future Shop: How the New Auction Culture Will Revolutionize the Way We Buy, Sell, and Get the Things We Really Want.* New York: The Penguin Press.

Rosa, Hartmut (2005). *Beschleunigung: Die Veränderung der Zeitstrukturen in der Moderne.* Suhrkamp Verlag.（出口剛司監訳『加速する社会：近代における時間構造の変容』福村出版、2022年）

Routledge, Clay, Arndt, Jamie, Sedikides, Constantine, and Wildschut, Tim (2008). A Blast From the Past: The Terror Management Function of Nostalgia. *Journal of Experimental Social Psychology*, 44 (1), 132-140.

Suskind, Alex (2014, June 6). 15 Years After Napster: How the Music Service Changed the Industry. Retrived from https://www.thedailybeast.com/15-years-after-napster-how-the-music-service-changed-the-industry

Thomas, Manoj, and Morwitz, Vicki G. (2009). The Ease-of-Computation Effect: The Interplay of Metacognitive Experiences and Naive Theories in Judgments of Price Differences. *Journal of Marketing Research*, 46 (1), 81-91.

Wildschut, Tim, Sedikides, Constantine, Arndt, Jamie, and Routledge, Clay (2006). Nostalgia: Content, Triggers, Functions. *Journal of Personality and Social Psychology*, 91 (5), 975–993.

Zantvoort, Bart (2019, January 23). On Hartmut Rosa and The Acceleration of Social Change in modernity. Journal of the History of Ideas Blog. Retrieved from https://www.jhiblog.org/2019/01/23/on-hartmut-rosa-and-the-acceleration-of-social-change-in-modernity/

日本語文献（50音順）
浅野智彦（2013）.『「若者」とは誰か：アイデンティティの30年（河出ブックス61）』河出書房新社。
石井裕明（2020）.『消費者行動における感覚と評価メカニズム：購売意思決定を促す「何となく」の研究』千倉書房。
石戸諭・江川紹子（2020, September 28）.「なぜ日本は対立社会になったか：わかりやすく語ることの弊害」『ＮＥＷＳポストセブン』Retrieved from https://www.news-postseven.com/archives/20200928_1595569.html
牛窪一省（1984）.「商品コンセプト開発のツール“CORE”」『ダイヤモンド・ハーバード・ビジネス』5月号, 52-62.
Oggi.jp.（2023, December, 20）.「丁寧な暮らし」ってどんな暮らし？ 憧れの「時間と手間をかける生き方」を実践する方法をご紹介.『Oggi.jp』Retrived from https://oggi.jp/6508390
環境省（2021, August 20）.「サステナブルファッションの推進に関するWebサイト」Retrieved from https://www.env.go.jp/policy/sustainable_fashion/index.html
COURRiER Japon（2020, February 9）.「7回着たらポイ―加速するファストファッション、年間消費量は８００億枚」『COURRiER Japon』. Retrieved from https://courrier.jp/news/archives/190435/
久保田進彦（2020a）.「消費環境の変化とリキッド消費の広がり：デジタル社会におけるブランド戦略にむけた基盤的検討」『マーケティングジャーナル』39(3), 52-66.
久保田進彦（2020b）.「デジタル社会におけるブランド戦略：リキッド消費に基づく提案」『マーケティングジャーナル』39(3), 67-79.

久保田進彦（2022a）.「消費の流動性尺度の開発」『青山経営論集』56(4), 109-129.
久保田進彦（2022b）.「消費の流動性尺度の拡張と活用」『青山経営論集』56(4), 131-170.
久保田進彦（2023）.「消費と私　第3回　流れていく消費」『書斎の窓』No.688.
久保田進彦・澁谷覚・須永努（2022）.『はじめてのマーケティング〔新版〕』有斐閣。
島井哲志・大竹恵子・宇津木成介・池見陽・Lyubomirsky, Sonja.（2004）. 日本版主観的幸福感尺度（Subjective Happiness Scale: SHS）の信頼性と妥当性の検討. 日本公衆衛生雑誌, 51(10), 845-853.
鈴木有美・木野和代（2008）. 多次元共感性尺度（ＭＥＳ）の作成：自己指向・他者指向の弁別に焦点を当てて.『教育心理学研究』56(4), 487-497.
須永努（2018）.『消費者理解に基づくマーケティング：感覚マーケティングと消費者情報消化モデル』有斐閣。
染原睦美・杉原淳一（2017, June 19）.「アパレル企業を悩ませる〝量産系女子〟」『日経ビジネス電子版』Retrived from https://business.nikkei.com/atcl/opinion/16/092900020/061600023/
高橋雄介・山形伸二・木島伸彦・繁桝算男・大野裕・安藤寿康（2007）. Gray の気質モデル：BIS/BAS 尺度日本語版の作成と双生児法による行動遺伝学的検討.『パーソナリティ研究』15(3), 276-289.
田中洋（2023）.「デジタル時代のブランド戦略：現状分析と変化の方向性」田中洋編『デジタル時代のブランド戦略』（pp.1-25）. 有斐閣。
出口剛司（2022, July 16）.「『加速社会』とは何か？　私たちを追い立て、充足感を奪っているものの正体」『現代ビジネス』. Retrieved from https://gendai.media/articles/-/97527
外川拓（2019）.『消費者意思決定の構造：解釈レベル理論による変容性の解明』千倉書房。

Precious.jp（2023, June 12）. 丁寧な暮らし　その使い方、本当に正しい？「丁寧な暮らし」って結局ナニ？　具体例やコツ、言い換え表現を解説【大人の語彙力強化塾２７０】『Precious.jp』Retrived from https://precious.jp/articles/-/41060

無印良品（2002）. 無印良品の未来. Retrived from https://www.muji.net/message/future.html

森田典正（2001）.「訳者あとがき」ジークムント・バウマン著『リキッド・モダニティ：液状化する社会』（pp.271-279）. 大月書店。

山田祐樹（2019）.「物の上手は好きの元」三浦佳世・河原純一郎編著『美しさと魅力の心理』（pp.74-75）. ミネルヴァ書房。

山本晶（2021）.「一時的所有行動に関する概念的検討」『マーケティングジャーナル』41(2), 7-18.

UCC上島珈琲（2023, June 29）. 丁寧な暮らしは余裕のある人だけのもの？ 丁寧な暮らしに関する調査：20〜30代の若い世代を中心に「丁寧な暮らし」への憧れ、約6割に。一方で、実践者の約4人に1人が諦め。Retrived from https://www.ucc.co.jp/company/news/2023/rel230629.html

辞書（50音順）

北原保雄（2020）.『明鏡国語辞典 第三版』大修館書店。

山田忠雄・倉持保男・上野善道・山田明雄・井島正博・笹原宏之（2020）.『新明解国語辞典 第八版』三省堂。

オンライン投稿（アルファベット順）

@IowlQ（2023, October 31）［post on X］. Retrived from https://x.com/IowlQ/status/1719250219278418317

gmi@hatena（2022, September 13）, Re: ヒット曲「サビまで待てない」倍速消費、企業も走る［online comment］. Retrived from https://b.hatena.ne.jp/gmi

久保田進彦　1965年生まれ。博士（商学）。青山学院大学経営学部教授。専門はマーケティング。明治学院大学経済学部、株式会社サンリオを経て早稲田大学大学院商学研究科に進学し博士課程単位取得。

Ⓢ新潮新書

1076

リキッド消費《しょうひ》とは何《なに》か

著　者　久保田進彦《くぼたゆきひこ》

2025年２月20日　発行

発行者　佐　藤　隆　信

発行所　株式会社 新潮社

〒162-8711　東京都新宿区矢来町71番地
編集部(03)3266-5430　読者係(03)3266-5111
https://www.shinchosha.co.jp

装幀　新潮社装幀室

図版製作　クラップス

印刷所　錦明印刷株式会社

製本所　錦明印刷株式会社

ISBN978-4-10-611076-4　C0234

価格はカバーに表示してあります。

Ⓢ新潮新書

820
ケーキの切れない非行少年たち
宮口幸治
認知力が弱く、「ケーキを等分に切る」ことすら出来ない――。人口の十数％いるとされる「境界知能」の人々に焦点を当て、彼らを学校・社会生活に導く超実践的なメソッドを公開する。

882
スマホ脳
アンデシュ・ハンセン
久山葉子訳
ジョブズはなぜ、わが子にｉＰａｄを与えなかったのか？　うつ、睡眠障害、学力低下、依存……最新の研究結果があぶり出す、恐るべき真実。世界的ベストセラーがついに日本上陸！

968
バカと無知
人間、この不都合な生きもの
橘　玲
50万部突破『言ってはいけない』著者の最新作。キャンセルカルチャーは快楽？　「子供は純真」か？　「きれいごと」だけでは生きられないことを科学的知見から解き明かす。

980
正義の味方が苦手です
古市憲寿
正しすぎる社会は息苦しい。戦争が起き、元総理が殺され、コロナは終わらない。揺らぐ社会をみつめ考えた、「正しさ」だけでは解決できない現実との向き合い方。

983
脳の闇
中野信子
承認欲求と無縁ではいられない現代。社会の構造的病理を誘うヒトの脳の厄介な闇を解き明かす。著者自身の半生を交えて、脳科学の知見を媒介にした衝撃の人間論！

新潮新書

1066
人生の壁
養老孟司

「嫌なことをやってわかることがある」「生きる意味を過剰に考えすぎてはいけない」――幼年期から今日までを振り返りつつ、誰にとっても厄介な「人生の壁」を超える知恵を語る。

1067
転売ヤー闇の経済学
奥窪優木

推しグッズに限定品、人気の新商品――需要が供給を上回ると見れば、品目を問わず大量に買占めて高額で売り飛ばす。それが「転売ヤー」だ。驚愕のカラクリをレポート。

1068
私はこう考える
石破　茂

地方が甦ることなくして、日本が甦ることはない――新総理大臣の主義、主張、政策、信条が1冊にまとまった「ベスト・オブ・石破茂」とも言うべき論考集。

1069
お城の値打ち
香原斗志

日本に「本物の城」は実は12しかない?! 近年の「城ブーム」で人気を集める城――だが、中には史実とかけ離れた姿のものも。城の文化財、史跡としての真の価値を問い直す。

1070
京都占領
1945年の真実

秋尾沙戸子

1945年敗戦。四条烏丸に進駐軍の司令部が置かれ、二条城脇の堀川通はアメリカ軍の滑走路となった……。古都の往時を、日米双方の史料と貴重な証言から紡ぎだす。